明文堂編輯部 校閱

詳密註釋 通鑑諺解

【卷之六】

明文堂

詳密·註釋 通鑑諺解【卷之六】目次

能紹前業曰光克定禍乱曰武

通鑑諺解卷之六

東漢紀

世祖光武皇帝上 名秀字文叔南陽人漢景帝六世孫長沙定王發之後南頓令欽之子也 在位三十三年 恢廓大度才明勇畧故能芟刈羣雄克復舊物未及下車先訪儒雅表行義興學校東漢之俗於斯爲美然不任三公事歸臺閣建武永平之間吏事刻深所以中興之美盖未盡焉

壽六十二

(乙酉)建武元年이라蕭王이北擊尤來大槍五幡於元氏ᄒᆞ야 槍七羊反稍也 追至北平ᄒᆞ야連破之ᄒᆞ다 旛孚袁反幟也更始初諸賊並起各以軍容强盛爲號故鐵脛大槍五幡三者並尤來四者皆賊之名也

建武元年이라蕭王이北으로尤來와大槍과五幡을元氏에셔擊ᄒᆞ야追ᄒᆞ야北平에至ᄒᆞ야連破ᄒᆞ다

馮異寇恂은擊走朱鮪ᄒᆞ고 吳漢은率耿弇景丹等十三將軍ᄒᆞ야追尤來等ᄒᆞ야斬首萬三千餘級ᄒᆞ니賊이散入遼西遼東이라가爲烏桓貊人의所鈔擊略盡ᄒᆞ다 畧取也

馮異와寇恂은朱鮪를擊走ᄒᆞ고吳漢은耿弇과景丹의等十三將軍을率ᄒᆞ야尤來等

을追ᄒᆞ야首萬三千餘級을斬ᄒᆞ니賊이散ᄒᆞ야遼西와遼東에入ᄒᆞ다가烏桓貊人의
鈔擊略盡ᄒᆞᆫ바이되다

都護將軍賈復이與五校로戰於眞定이라가復이傷瘡甚이어ᄂᆞᆯ王이大驚曰我所以不令賈復將者ᄂᆞᆫ爲其輕敵也니라果然失吾名將이로다聞其婦ㅣ有孕이라ᄒᆞ니生女耶ㄴ댄我子로娶之오生男也ㄴ댄我女로嫁之ᄒᆞ야不令其憂妻子也호리라復이病尋愈ᄒᆞ야追及於薊ᄒᆞ니相見甚懽이러라 出復傳

都護將軍賈復이五校로더브러眞定에서戰ᄒᆞ다가復이傷瘡홈이甚ᄒᆞ거ᄂᆞᆯ王이크게驚ᄒᆞ야曰我ㅣ써賈復으로ᄒᆞ야곰將을아니ᄒᆞᆫ바人者ᄂᆞᆫ그敵을輕히홈가홈이러니果然吾의名將을失ᄒᆞ얏도다드르니그婦ㅣ孕이有ᄒᆞ다ᄒᆞ니女를生홀진ᄃᆡ我子로娶ᄒᆞ고男을生홀진ᄃᆡ我女로嫁ᄒᆞ야ᄒᆞ야곰그妻子를憂치안케호리라復이病이尋히愈ᄒᆞ야追ᄒᆞ야薊에及ᄒᆞ니서로見ᄒᆞ고甚히懽ᄒᆞ더라

還至中山ᄒᆞ야諸將이請上尊號어ᄂᆞᆯ王이不聽ᄒᆞ고行至南平棘ᄒᆞ니 平棘縣在常山

都 諸將이固請之ᄒᆞᆫᄃᆡ王이不許ᄒᆞ니라耿純이進曰天下士大夫ㅣ捐親

(留時)留遲留也

戚捐棄也棄土壤ᄒᆞ고從大王於矢石之間者ᄂᆞᆫ 其計ㅣ固望攀龍鱗
附鳳翼ᄒᆞ야以成其志耳어ᄂᆞᆯ今大王이 留時逆衆ᄒᆞ야 不正號位ᄒᆞ시니
純은恐士大夫ㅣ望絶計窮則有去歸之思ᄒᆞ야 無爲久自苦也
ᄒᆞᆯ가ᄒᆞ노니 大衆이一散이면難可復合이니이다

還ᄒᆞ야中山에至ᄒᆞ야諸將이尊號ᄅᆞᆯ上키請ᄒᆞ거ᄂᆞᆯ王이聽치안코行ᄒᆞ야南平棘에
至ᄒᆞ니諸將이굿이請ᄒᆞᄃᆡ王이許치안터니耿純이進ᄒᆞ야曰天下士大夫ㅣ親戚을
捐ᄒᆞ고土壤을棄ᄒᆞ고大王을矢石의間에셔從ᄒᆞᆫ者ᄂᆞᆫ그計ㅣ진실로龍鱗을攀ᄒᆞ고
鳳翼을附ᄒᆞ야써그志ᄅᆞᆯ成키望홈이거ᄂᆞᆯ今大王이時ᄅᆞᆯ留ᄒᆞ고衆을逆ᄒᆞ야號位ᄅᆞᆯ
正치아니ᄒᆞ시니純은恐컨ᄃᆡ士大夫ㅣ望이絶ᄒᆞ고計가窮ᄒᆞᆫ則去歸ᄒᆞᆯ思ㅣ有ᄒᆞ야
久히ᄉᆞᄉᆞ로苦하지아니ᄒᆞᆯ가ᄒᆞ노니大衆이한번散ᄒᆞ면可히다시合ᄒᆞ기어려우니
이다

王이深感曰吾將思之호리라 行至鄗ᄒᆞ야 地志常山郡有鄗邑光武於鄗南卽帝位改曰高邑鄗氏音部作火角反 召馮
異ᄒᆞ야問四方動靜ᄒᆞᆫᄃᆡ 異ㅣ曰更始ㅣ必敗라 宗廟之憂ㅣ在於大
王ᄒᆞ니宜從衆議니이다 出耿純馮異傳

王이深히感ᄒᆞ야曰吾ㅣ장찻思호리라行ᄒᆞ야鄗에至ᄒᆞ야馮異를召ᄒᆞ야四方의動靜을問ᄒᆞᆫ대異ㅣ曰更始ㅣ반다시敗ᄒᆞᆯ지라宗廟의憂ㅣ大王에게在ᄒᆞ니衆議를從ᄒᆞᆷ이宜ᄒᆞ니이다

會에儒生彊華ㅣ(彊其兩反華名彊姓光武同舍生也)自關中으로奉赤伏符來ᄒᆞ야詣王ᄒᆞ니(讖記之書)曰(符赤伏其符之名漢德尚火赤火色伏藏也)劉秀ㅣ發兵捕不道ᄒᆞ니四夷ㅣ雲集ᄒᆞ야龍鬪野ㅣ로다(謂羣雄角力也易坤卦云龍戰于野其血玄黃)四七之際에火爲主ㅣ라ᄒᆞ야늘(四七二十八也自高祖至光武初起合二百二十八年即四七之際也或謂光武以二十八歲起兵故云四七之際又二十八將亦應四七之數漢火德故火爲主也)羣臣이因復奏請ᄒᆞᆫ대六月에王이卽皇帝位于鄗南ᄒᆞ고(卽位於鄗南)設壇於鄗南千秋亭五城之陌)改元大赦ᄒᆞ다(出本紀)

會에儒生彊華ㅣ關中으로브터赤伏符를奉ᄒᆞ고來ᄒᆞ야王게詣ᄒᆞ니曰劉秀ㅣ兵을發ᄒᆞ야不道를捕ᄒᆞ니四夷가雲集ᄒᆞ야龍이野에鬪ᄒᆞ도다四七의際에火ㅣ主가된다ᄒᆞ야늘羣臣이因ᄒᆞ야다시奏請ᄒᆞ니六月에王이皇帝位를鄗南에셔即ᄒᆞ고元을改ᄒᆞ고大赦ᄒᆞ다

赤眉ㅣ西向帝城ᄒᆞᆯ새以名爲羣賊이不可以久ㅣ라ᄒᆞ야乃立宗室劉盆子ᄒᆞ야(劉盆子)高帝孫朱虛侯章之後)爲上將軍ᄒᆞ다

(作玄武)帝以野王衛之所屬玄武水神之名司空水土之官故用武爲司空也司空水土義見下丁酉年三公下

赤眉ㅣ西으로帝城에向ᄒᆞ시써名ᄒᆞ되羣賊이可히久치못ᄒᆞ리라ᄒᆞ야이에宗室劉盆子를立ᄒᆞ야上將軍을삼다

七月에帝ㅣ使使持節ᄒᆞ야拜鄧禹爲大司徒ᄒᆞ고封酇侯ᄒᆞ니(酇即蕭何舊所封屬南陽郡)禹ㅣ時에年이二十四러라(出禹傳)

七月에帝ㅣ使를부려節을持ᄒᆞ야鄧禹를拜ᄒᆞ야大司徒를삼고酇侯를封ᄒᆞ니禹ㅣ時에年이二十四이러라

又議選大司空ᄒᆞᆯ서帝ㅣ以赤伏符에曰王梁主衛ㅣ作玄武라ᄒᆞ야以野王令王梁으로爲大司空ᄒᆞ고吳漢으로爲大司馬ᄒᆞ다(出王梁傳)

또議ᄒᆞ야大司空을選ᄒᆞᆯ서帝ㅣ써赤伏符에曰王梁主衛ㅣ玄武를作ᄒᆞᆫ다ᄒᆞ야野王令王梁으로써大司空을삼고吳漢으로大司馬를삼다

初에更始ㅣ以伏湛으로爲平原太守ᄒᆞ니時에天下ㅣ兵起ᄒᆞ되湛이獨晏然撫循百姓이러니門下督이謀爲湛起兵이어늘湛이收斬之ᄒᆞ니於是에吏民이信向ᄒᆞ야平原一境이賴湛以全이라帝ㅣ徵湛爲尙書ᄒᆞ야使與定舊制ᄒᆞ고又以鄧禹西征이라ᄒᆞ야拜湛爲司直ᄒᆞ야行大司徒

事ᄒᆞ니車駕ㅣ每出征伐에常留鎭守ᄒᆞ더라 出伏湛傳

初에更始ㅣ伏湛으로써平原太守를ᄉᆞᆷ으니時에天下ㅣ兵이起ᄒᆞᄃᆡ湛이홀로晏然히百姓을撫循ᄒᆞ더니門下督이湛을爲ᄒᆞ야兵을起ᄒᆞ기謀ᄒᆞ거ᄂᆞᆯ湛이收ᄒᆞ야斬ᄒᆞ니이에吏民이信向ᄒᆞ야平原一境이湛을賴ᄒᆞ야全ᄋᆞᆯ得ᄒᆞᆫ지라帝ㅣ湛을徵ᄒᆞ야尙書를ᄉᆞᆷ어ᄒᆞ야곰더브러舊制를定케ᄒᆞ고ᄯᅩ써鄧禹ㅣ西로征ᄒᆞᆫ다ᄒᆞ야湛을拜ᄒᆞ야司直을ᄉᆞᆷ아大司徒事를行ᄒᆞ니車駕ㅣ미양出ᄒᆞ야征伐ᄒᆞᆷ이常이留ᄒᆞ야鎭守ᄒᆞ더라

九月에赤眉ㅣ入長安ᄒᆞ니更始ㅣ走ᄒᆞ고將相이皆降이어ᄂᆞᆯ詔封更始ᄒᆞ야爲淮陽王ᄒᆞ다 出本紀及劉玄傳 後爲赤眉所殺

九月에赤眉ㅣ長安에入ᄒᆞ니更始ㅣ走ᄒᆞ고將相이다降ᄒᆞ거ᄂᆞᆯ詔ᄒᆞ야更始를封ᄒᆞ야淮陽王을ᄉᆞᆷ다

初에宛人卓茂ㅣ寬仁恭愛ᄒᆞ고恬淡樂道ᄒᆞ야雅實不爲華貌ᄒᆞ고行己ㅣ在於淸濁之間ᄒᆞ야自束髮至白首히與人으로未嘗有爭競ᄒᆞ니鄕黨故舊ㅣ雖行能이與茂不同이라도而皆愛慕欣欣焉 出東觀記及茂傳

ᄒᆞ더라

初에宛人卓茂ㅣ寬仁恭愛ᄒᆞ고恬淡樂道ᄒᆞ야雅實ᄒᆞ야華貌를ᄒᆞ지아니ᄒᆞ고己를行홈이淸濁의間에在ᄒᆞ야束髮로브터白首에至ᄒᆞ기人으로더브러일즉爭競홈이有치아니ᄒᆞ니鄕黨故舊ㅣ비록行能이茂로더브러同치안터라도다愛ᄒᆞ고慕ᄒᆞ야欣欣ᄒᆞ더라

哀平間에 爲密令ᄒᆞ야 北魏置高密郡隋改淸州 視民如子ᄒᆞ야 擧善而敎ᄒᆞ고 口無惡言ᄒᆞ니 吏民이 親愛ᄒᆞ야 不忍欺之러라

哀平間에密令이되야民을視ᄒᆞ기를子갓치ᄒᆞ야善을擧ᄒᆞ야敎ᄒᆞ고口로惡ᄒᆞᆫ言이無ᄒᆞ니吏民이親ᄒᆞ고愛ᄒᆞ야참아欺치못ᄒᆞ더라

民이 嘗有言部亭長이 受其米肉遺者어늘 遺贈也 茂ㅣ曰亭長이 爲從汝求乎아 爲汝ㅣ有事囑之而受乎아 囑之欲反託辭也 將平居에 自以恩意로 遺之乎아 民이 曰往遺之耳니다 茂ㅣ曰遺之而受ᄒᆞ니 何故言耶오 民이 曰切聞賢明之君은 使民不畏吏ᄒᆞ고 吏不取民이라ᄒᆞ니 今我ㅣ畏吏라ㅣ是以遺之ᄒᆞ니 吏ㅣ旣卒受故로 來言耳니다

(吏顧)顧 發語辭

民이일죽이言이有ᄒᆞ야部亭長이그米肉遺ᄒᆞᆫ者를受ᄒᆞ얏다ᄒᆞ거ᄂᆞᆯ茂ㅣ日亭長이汝로從ᄒᆞ야求ᄒᆞ더냐汝ㅣ事囑이有ᄒᆞ고受ᄒᆞ더냐장ᄎᆞᆺ平居에ᄉᆞᄉᆞ로恩意로써遺ᄒᆞ얏ᄂᆞ냐民曰往ᄒᆞ야遺ᄒᆞ얏노이다茂ㅣ日遺ᄒᆞ야受ᄒᆞ얏거ᄂᆞᆯ何故로言ᄒᆞᄂᆞ뇨民이曰切이聞ᄒᆞ니賢明의君은民으로하야곰吏를畏치안케ᄒᆞ고吏기民을取치안ᄂᆞᆫ다ᄒᆞ니今我ㅣ吏를畏ᄒᆞᆫ지라是로써遺ᄒᆞ니吏ㅣ임의受ᄒᆞᆫ故로來ᄒᆞ야言ᄒᆞ노이다

茂ㅣ日汝爲弊民矣로다 (敝民謂敝壞之民) 凡人이所以羣居不亂ᄒᆞ야異於禽獸者ᄂᆞᆫ以有仁義禮愛ᄒᆞ야知相敬事也어ᄂᆞᆯ汝ㅣ獨不欲修之ᄒᆞ니寧能高飛遠走ᄒᆞ야不在人間耶아吏ㅣ顧不當乘威力彊求請耳니亭長은素善吏오歲時遺之ᄂᆞᆫ禮也니라

茂ㅣ日汝ㅣ敝民이되ᄂᆞᆫ도다무릇人이써羣으로居ᄒᆞ야亂치아니ᄒᆞ야禽獸보다異ᄒᆞᆫ바人者ᄂᆞᆫ써仁義禮愛가有ᄒᆞ야서로敬ᄒᆞᄂᆞᆫ事를知ᄒᆞᆷ이어ᄂᆞᆯ汝ㅣᄒᆞ올로修코저아니ᄒᆞ니엇지能히高飛ᄒᆞ고遠走ᄒᆞ야人間에在치아니ᄒᆞᆯ야吏ㅣ顧컨ᄃᆡ威力을乘ᄒᆞ야彊히求請ᄒᆞᆷ은當치안커니와亭長은본대善ᄒᆞᆫ吏오歲時에遺ᄒᆞᆷ은禮니라

民이日苟如此ㅣᆫ댄律에何故禁之오茂ㅣ笑曰律은設大法이오禮ᄂᆞᆫ順人情ᄒᆞ니今我ㅣ以禮敎汝ㅣ면汝ㅣ必無怨惡이어니와以律治汝ㅣ면汝

(可論)論決罪也

(爲置守令)爲去聲茂正爲令郡復置守令使與茂並居也

ㅣ何所措其手足乎오리 一門之內에 小者는 可論이오 大者는 可殺也니ㅣ 且歸念之하라

民이曰진실로이갓흘진딘律에무슨연고로禁흐는고茂ㅣ笑흐야曰律은人法을設흠이오禮는人情을順흠이니今에我ㅣ禮로써汝를敎흐면汝ㅣ반다시怨惡이無흐려니와律로써汝를治흐면汝ㅣ엇지그手足을措흘바이리오一門의內에小흔者는可히論흘것이오大흔者는可히殺흘지니또歸흐야念흐라

初에茂ㅣ到縣하야有所廢置니 吏民이笑之하고 隣城聞者ㅣ皆嗤其不能이라 (嗤充之反輕侮也) 河南郡이爲置守令하되茂ㅣ不爲嫌하고 (疑也) 治事自若하니 數年에敎化ㅣ大行하야 道不拾遺러니 (言雖遺棄於道人不拾之言其俗淳也) 遷京部丞하니 密人老少ㅣ皆涕泣隨從이러라

初에茂ㅣ縣에到흐야廢置흐는바ㅣ有흐니吏民이笑흐고鄰城의聞흐는者ㅣ다그不能을嗤흐는지라河南郡이守令을置호대茂ㅣ嫌흐지아니흐고治事흐기를自若하흐니數年에敎化크게行흐야道에遺를拾치아니흐더니京部丞으로遷흐니密人의老少다涕泣흐고隨흐야從흐더라

(爲太傅) 衆推融 時大將軍 爲置長吏

及王莽이居攝에以病免歸니러 上이即位에先訪求茂ᄒᆞ니茂ㅣ時에年이七十餘ㅣ라甲申에詔曰夫名冠天下면當受天下重賞이니 今以茂로爲太傅ᄒᆞ고封褒德侯ᄒᆞ라

밋王莽이攝에居ᄒᆞᆷ의病으로써免ᄒᆞ고歸ᄒᆞ얏더니上이位에卽ᄒᆞᆷ의先訪ᄒᆞ야茂를求ᄒᆞ니茂ㅣ時에年이七十餘라甲申에詔ᄒᆞ야曰무릇名이天下에冠ᄒᆞ면當히天下의重賞을受ᄒᆞᄂᆞ니今에茂로써太傅를삼어褒德侯를封ᄒᆞ라

帝ㅣ遣諸將ᄒᆞ야圍洛陽ᄒᆞᆫ대朱鮪ㅣ出降ᄒᆞ이어 十月에車駕ㅣ入洛陽ᄒᆞ야幸南宮ᄒᆞ고遂定都焉ᄒᆞ다 (出本紀)

帝ㅣ諸將을遣ᄒᆞ야洛陽을圍ᄒᆞᆫ대朱鮪ㅣ出ᄒᆞ야降ᄒᆞ거ᄂᆞᆯ十月에車駕ㅣ洛陽에入ᄒᆞ야南宮에幸ᄒᆞ고드대여都를定ᄒᆞ다

劉盆子ㅣ數暴虐吏民ᄒᆞ야百姓이不知所歸ㅣ러니 聞鄧禹ㅣ乘勝獨克而師行有紀ᄒᆞ고 (謂軍師之行有紀律) 皆望風ᄒᆞ야 相携負以迎軍ᄒᆞ니 (携在手負在背也) 降者ㅣ日以千數ㅣ라 衆數百萬이러라

劉盆子ㅣ자조吏民을暴虐ᄒᆞ야百姓이歸ᄒᆞᆯ바를知치못ᄒᆞ더니鄧禹ㅣ勝을乘ᄒᆞ야

ᄒᆞᆯ로克ᄒᆞ고師行이紀가有ᄒᆞ다ᄒᆞᆷ을聞ᄒᆞ고다風을望ᄒᆞ야서로携ᄒᆞ고負ᄒᆞ야써軍을迎ᄒᆞ니降者ㅣ日로써千數라衆이數百萬이러라

禹ㅣ所止에輒停車駐節ᄒᆞ야 以勞來之ᄒᆞ니 勞來並去聲勞來謂慰勉而招延之也 父老童穉 穉直利反幼穉也與稚同 垂髮戴白이 垂髮謂小兒髮之垂者也戴白謂老人頭戴白髮者也 滿其車下ᄒᆞ야 莫不感悅ᄒᆞ니 於是에 名震關西러라

禹ㅣ止ᄒᆞᄂᆞᆫ바에믄득車를停ᄒᆞ고節을駐ᄒᆞ야써來ᄒᆞᆷ을勞ᄒᆞ니父老와童穉가垂髮과戴白이그車下에滿ᄒᆞ야感悅치안ᄂᆞᆫ이업시니이에名이關西에震ᄒᆞ더라

諸將豪傑이 皆勸禹徑攻長安이어ᄂᆞᆯ 禹ㅣ曰不然ᄒᆞ다 今에吾衆이雖多ㅣ나 能戰者ㅣ少ᄒᆞ고 前無可仰之積ᄒᆞ며 積子智反韻會訓聚也 後無轉饋之資ᄒᆞ고 赤眉ㅣ新拔長安ᄒᆞ야 財穀이充實ᄒᆞ니 鋒銳를未可當也ㅣ라 夫盜賊이羣居에無終日之計ᄒᆞ야 財穀이雖多ㅣ나 變故萬端이니 寧能堅守者也ㅣ리오 上郡北地安定三郡이 土廣人稀ᄒᆞ고 饒穀多畜ᄒᆞ니 吾且休兵北道ᄒᆞ야 就糧養士ᄒᆞ야 以觀其敝ㅣ면 乃可圖也ㅣ라ᄒᆞ고 於是에引軍

軍至栒邑ᄒᆞ니(栒邑在扶風) 所到에 諸營堡郡邑이 皆開門歸附러라(出禹傳)

諸將豪傑이다禹를勸ᄒᆞ야徑히長安을攻ᄒᆞ라ᄒᆞ거ᄂᆞᆯ禹ㅣ曰然치안타今에吾衆이비록多ᄒᆞ나能히戰ᄒᆞᄂᆞᆫ者ㅣ少ᄒᆞ고前에可仰의積이無ᄒᆞ며後에轉饋의資가無ᄒᆞ고赤眉ㅣ서로長安을拔ᄒᆞ야財穀이充實ᄒᆞ니鋒銳를可히當치못ᄒᆞᆯ지라무릇盜賊이羣居ᄒᆞᆷ의終日의計가無ᄒᆞ야財穀이비록多ᄒᆞ나變故ㅣ萬端이니엇지能히堅守ᄒᆞᆯ者ㅣ리오上郡北地安定三郡이土가廣ᄒᆞ고人이稀ᄒᆞ고穀이饒ᄒᆞ고畜이多ᄒᆞ니吾ㅣ또兵을北道에休ᄒᆞ야糧을就ᄒᆞ야士를養ᄒᆞ야써그敝를보면이에可히圖ᄒᆞ리라ᄒᆞ고이에軍을引ᄒᆞ고北으로栒邑에至ᄒᆞ니到ᄒᆞᄂᆞᆫ바에모든營堡와郡邑이다門을開ᄒᆞ고歸ᄒᆞ야附ᄒᆞ더라

初에 成紀隗囂ㅣ 起兵應漢이어ᄂᆞᆯ 更始ㅣ 徵囂ᄒᆞᆫ듸 囂ㅣ 至長安이라가 後에 逃歸天水ᄒᆞ야 復招聚其衆ᄒᆞ고 興修故業ᄒᆞ야 自稱西州上將軍이라ᄒᆞ니 三輔士大夫ㅣ 避亂者ㅣ 多歸囂어ᄂᆞᆯ 囂ㅣ 傾身引接ᄒᆞ야 爲布衣交ᄒᆞ야 以馬援班彪之屬으로 爲賓客ᄒᆞ니 由此로 名震西州ᄒᆞ야 聞於山東이러라(出囂傳)

(成紀)縣名屬天水郡

(且從所好)從其所請也

初에成紀隗囂ㅣ兵을起ᄒᆞ야漢을應ᄒᆞ거ᄂᆞᆯ更始ㅣ囂를徵ᄒᆞᆫ대囂ㅣ長安에至ᄒᆞ얏다가後에天水로逃歸ᄒᆞ야다시그衆을招聚ᄒᆞ고故業을興修ᄒᆞ야스ᄉᆞ로西州上將軍이라稱ᄒᆞ니三輔士大夫ㅣ亂을避ᄒᆞᄂᆞᆫ者ㅣ마니囂에게歸ᄒᆞ거ᄂᆞᆯ囂ㅣ몸을傾ᄒᆞ고引接ᄒᆞ야布衣交를ᄒᆞ야馬援과班彪의屬으로써賓客을合으니此로由ᄒᆞ야名이西州에震ᄒᆞ야山東에聞ᄒᆞ더라

馬援이**少時**에**以家用不足**으로**辭其兄況**ᄒᆞ고**欲就邊郡田牧**이어ᄂᆞᆯ**況**이**曰汝**ᄂᆞᆫ**大才**니**當晩成**이라**良工**은**不示人以朴**이니(朴與樸同)**且從所好**ᄒᆞ라**遂之北地**ᄒᆞ야**田牧**이러니**常謂賓客曰丈夫爲志**에**窮當益堅**이오**老當益壯**이라ᄒᆞ더라

馬援이少ᄒᆞᆫ時에家用이不足ᄒᆞᆷ으로써그兄況을辭ᄒᆞ고邊郡에就ᄒᆞ야田牧코져ᄒᆞ거ᄂᆞᆯ況이曰汝ᄂᆞᆫ大才니맛당이晩에成ᄒᆞᆯ지라良工은人에게朴으로써示치아니ᄒᆞᄂᆞ니또好ᄒᆞᄂᆞᆫ바를從ᄒᆞ라드듸여北地에之ᄒᆞ야田牧ᄒᆞ더니일즉이賓客다려謂ᄒᆞ야曰丈夫ㅣ志를ᄒᆞᆷ의窮ᄒᆞᆷ의맛당이더욱堅ᄒᆞᆯ것이오老ᄒᆞᆷ의맛당이더욱壯ᄒᆞᆯ지라ᄒᆞ더라

後有畜數千頭穀萬斛이러니**既而嘆曰凡殖財産**은(殖常職反與生財利曰殖)**貴**

其能賑施也ㅣ니 (賑贍也) 否則守錢虜耳라ᄒᆞ고 乃盡散於親舊ᄒᆞ다 聞隗囂ㅣ好士ᄒᆞ고 往從之ᄒᆞᆫ듸 囂甚敬重ᄒᆞ야 與決籌策ᄒᆞ더라 (出馬援傳)

後에畜數千頭와穀萬斛을有ᄒᆞ더니얼마잇다嘆ᄒᆞ야曰무릇財産을殖ᄒᆞᆷ은그能히賑施ᄒᆞᆷ을貴히ᄒᆞᆷ이니否ᄒᆞᆫ則守錢虜라ᄒᆞ고이에다親舊에게散ᄒᆞ다隗囂가士를好ᄒᆞᆷ을聞ᄒᆞ고往ᄒᆞ야從ᄒᆞᆫ듸囂ㅣ甚히敬ᄒᆞ고重ᄒᆞ야더부러籌策을決ᄒᆞ더라

(丙戌)二年이라 悉封諸功臣ᄒᆞ야 爲列侯ᄒᆞᆯ서 陰鄕侯識는 貴人之兄也ㅣ라니 以軍功으로 當增封이러니 識ㅣ叩頭讓曰臣이托屬掖庭ᄒᆞ니 (掖庭謂宮苑之中) 仍加爵邑ᄒᆞ면 不可以示天下ㅣ니이다 帝ㅣ從之ᄒᆞ다 (出陰識傳)

二年이라다諸功臣을封ᄒᆞ야列侯를ᄉᆞᆷ을서陰鄕侯識는貴人의兄이라軍功으로써맛당이封을增ᄒᆞ려ᄒᆞ얏더니識ㅣ頭를叩ᄒᆞ고讓ᄒᆞ야曰臣이掖庭에托ᄒᆞ야屬ᄒᆞ얏스니仍히爵邑을加ᄒᆞ면可히써天下에示ᄒᆞᆯ슈업ᄂᆞ니다帝ㅣ從ᄒᆞ다

故事에 尙書郞을 以令史久次로 補之러니 帝ㅣ 始用孝廉ᄒᆞ야 爲尙書郞ᄒᆞ다

故事에尙書郞을令史의久ᄒᆞᆫ次로써補ᄒᆞ더니帝ㅣ비로소孝廉을用ᄒᆞ야尙書郞을

(識)音志
(叩讓)此是古公孫龍告平原君趙勝之言也

(十一帝)高惠文景武昭宣元成哀平也 (園陵)帝王所葬曰陵栽植樹木處謂之園 (湖陽公主)帝姊也 (莫能及)弘薦桓譚

숩다

起高廟於洛陽ᄒᆞ야四時에合祭高祖太宗世宗ᄒᆞ고建社稷于宗廟之右ᄒᆞ고立郊兆於城南ᄒᆞ다

高廟를洛陽에起ᄒᆞ야四時에合ᄒᆞ야高廟와太宗과世宗을祭ᄒᆞ고社稷을宗廟의右에建ᄒᆞ고郊兆를城南에立ᄒᆞ다

長安城中이糧盡ᄒᆞ니赤眉ㅣ縱火殺掠ᄒᆞ고遂入安定北地ᄒᆞ다(出盆子傳)

長安城中이糧이盡ᄒᆞ니赤眉ㅣ火를縱ᄒᆞ야殺掠ᄒᆞ고드대여安定北地로入ᄒᆞ다

鄧禹ㅣ引兵南至長安ᄒᆞ야軍昆明池ᄒᆞ야謁高廟ᄒᆞ고收十一帝神主ᄒᆞ야送詣洛陽ᄒᆞ고因巡行園陵ᄒᆞ야爲置吏士ᄒᆞ고奉守焉ᄒᆞ다(出禹傳)

鄧禹ㅣ兵을引ᄒᆞ고南으로長安에至ᄒᆞ야昆明池에軍ᄒᆞ야高廟에謁ᄒᆞ고十一帝神主를收ᄒᆞ야洛陽에送詣ᄒᆞ고因ᄒᆞ야園陵에巡行ᄒᆞ야爲ᄒᆞ야吏士를置ᄒᆞ고奉ᄒᆞ야守ᄒᆞ다

以宋弘으로爲大司空ᄒᆞ다湖陽公主ㅣ新寡ㅣ러니帝ㅣ與共論朝臣ᄒᆞ야微觀其意ᄒᆞ되主ㅣ曰宋公의威容德器ᄂᆞᆫ羣臣의莫能及이러다帝ㅣ

爲義郎譚善皷琴帝聞而悅之弘不悅後弘坐府中召譚讓之明日大會羣臣使譚皷琴譚見弘失其常度帝恠而問之弘直讓之故羣臣莫能及矣

日方且圖之호리라 後에 弘이 被引見에 帝ㅣ令主로 坐屛風後ᄒᆞ고 因
謂弘曰諺에 言貴易交오 富易妻라ᄒᆞ니 人情乎아 弘이 曰臣은 聞貧
賤之知는 不可忘이오 糟糠之妻는 不下堂이라ᄒᆞ니이다 帝ㅣ顧謂主曰事
不諧矣로다 本傳出

宋弘으로써大司空을삼다湖陽公主ㅣ서로寡ᄒᆞ더니帝ㅣ더부러한가지朝臣을論ᄒᆞ야微히그意를觀ᄒᆞᆫ대主ㅣ曰宋公의威容과德器는羣臣에及ᄒᆞ리업더이다帝ㅣ曰方히또圖ᄒᆞ리라後에弘이引見을被ᄒᆞᆷ이帝ㅣ主로ᄒᆞ야곰屛風後에坐케ᄒᆞ고因ᄒᆞ야弘다려謂ᄒᆞ야曰諺에言ᄒᆞᆫ대貴ᄒᆞᆫ交를易ᄒᆞ고富ᄒᆞᆫ妻를易ᄒᆞᆫ다ᄒᆞ니人情이랴弘이曰臣은드르니貧賤의知는可히忘ᄒᆞᆯ수업고糟糠의妻는堂에下치못ᄒᆞᆫ다ᄒᆞ니이다帝ㅣ主를顧ᄒᆞ고謂ᄒᆞ야曰事가諧치못ᄒᆞ얏도다

帝之討王郞也에 彭寵이 發突騎ᄒᆞ야 以助軍ᄒᆞ고 轉糧食ᄒᆞ야 前後不
絶이라 自負其功이러니 帝ㅣ接之不能滿其意ᄒᆞ니 以此로 懷不平ᄒᆞ야
遂發兵反ᄒᆞ야 攻朱浮於薊ᄒᆞ다

帝가王郞을討ᄒᆞᆷ이彭寵이突騎를發ᄒᆞ야써軍을助ᄒᆞ고糧食을轉ᄒᆞ야前後에絶치

(宛王賜降)賜奉更始妻子來降帝封愼侯

아니ᄒᆞᆫ지라스ᄉᆞ로그功을負ᄒᆞ더니帝ㅣ接ᄒᆞᆷ이能히그意에滿치못ᄒᆞ니此로써不平을懷ᄒᆞ야遂히兵을發ᄒᆞ야反ᄒᆞ야朱浮을薊에서攻ᄒᆞ다

更始諸大將이時在南方ᄒᆞ야未降者ㅣ尙多ㅣ어늘遣賈復ᄒᆞ야擊郾破之ᄒᆞ니尹尊이降ᄒᆞ고吳漢이擊宛ᄒᆞ니宛王賜ㅣ降ᄒᆞ다

更始의諸大將이時에南方에在ᄒᆞ야降치안ᄒᆞᆫ者ㅣ尙히多ᄒᆞ거ᄂᆞᆯ賈復을遣ᄒᆞ야郾을擊ᄒᆞ야破ᄒᆞ니尹尊이降ᄒᆞ고吳漢이宛을擊ᄒᆞ니宛王賜ㅣ降ᄒᆞ다

秋에賈復이南擊召陵新息ᄒᆞ야平之ᄒᆞ다復의部將이殺人於潁川이어ᄂᆞᆯ潁川太守寇恂이捕得繫獄ᄒᆞ다時尙草創ᄒᆞ야軍營犯法을率多相容ᄒᆞ더니恂이戮之於市어ᄂᆞᆯ復이以爲恥ᄒᆞ야過潁川ᄒᆞᆯ서謂左右曰吾與寇恂으로並列將帥而爲其所陷ᄒᆞ니今見恂이면必手劒之ᄒᆞ리다

秋에賈復이南으로召陵과新息을擊ᄒᆞ야平ᄒᆞ다復의部將이人을潁川에서殺ᄒᆞ거ᄂᆞᆯ潁川太守寇恂이捕ᄒᆞ야시러곰獄에繫ᄒᆞ다時에尙히草創ᄒᆞ야軍營의犯法을率히相容ᄒᆞᆷ이多ᄒᆞ더니恂이市에戮ᄒᆞ거ᄂᆞᆯ復이써恥ᄒᆞ야潁川을過ᄒᆞᆯ시左右ᄃᆞ려謂ᄒᆞ야日吾ㅣ寇恂으로더부러並히將帥에列ᄒᆞ야그陷ᄒᆞᆫ바ㅣ되니今에恂을見ᄒᆞ면반다시手로劒ᄒᆞ리라

(執金吾)吾禦也執金革以禦非常也

恂이知其謀ᄒᆞ고不與相見이어늘姊子谷崇이曰崇은將也ㅣ라得帶劒侍側이라가卒有變이면足以相當이리이다恂이曰不然ᄒᆞ다昔에藺相如ㅣ不畏秦王而屈於廉頗者ᄂᆞᆫ爲國也ㅣ라ᄒᆞ고乃敕屬縣ᄒᆞ야盛供具儲酒醪ㅣ라가執金吾軍이入界어든一人을皆兼兩人之饌ᄒᆞ라ᄒᆞ고恂이出迎於道ㅣ라가稱疾而還ᄒᆞᆫ대復이勒兵欲追之ᄒᆞᆫ대而吏士ㅣ皆醉ㅣ라遂過去ᄒᆞ다

恂이그謀를知ᄒᆞ고더부러相見치안커ᄂᆞᆯ姊子谷崇이曰崇은將이라시러곰劒을帶ᄒᆞ고側을侍ᄒᆞ다가卒히變이有ᄒᆞ면足히써서로當ᄒᆞ리이다恂이曰然치안타昔에藺相如ㅣ秦王을畏치아니ᄒᆞ고廉頗에게屈ᄒᆞᆫ者ᄂᆞᆫ國을爲ᄒᆞᆷ이라ᄒᆞ고이에屬縣에敕ᄒᆞ야供具를盛ᄒᆞ고酒醪를儲ᄒᆞ얏다가執金吾軍이界에入ᄒᆞ거든一人을다兩人의饌을兼ᄒᆞ라ᄒᆞ고恂이道에出迎ᄒᆞ다가疾을稱ᄒᆞ고還ᄒᆞᆫ대復이兵을勒ᄒᆞ고追코져ᄒᆞᆫ대吏士ㅣ다醉ᄒᆞᆫ지라遂히過ᄒᆞ야去ᄒᆞ다

恂이遣谷崇ᄒᆞ야以狀聞ᄒᆞᆫ대帝ㅣ乃徵恂ᄒᆞ니恂이至引見ᄒᆞ실時에賈復이先在坐ㅣ라가欲起相避어늘帝ㅣ曰天下ㅣ未定에兩虎ㅣ安得私鬭ㅣ리오

今日에朕이分之호리다於是에並坐極歡ᄒᆞ고遂共車同出ᄒᆞ야結友而去ᄒᆞ다 出寇恂傳

恂이谷崇을遣ᄒᆞ야狀으로써聞ᄒᆞᆫ대帝ㅣ이에恂을徵ᄒᆞ니恂이至ᄒᆞ야引ᄒᆞ야見ᄒᆞᆯ시時에賈復이先히坐에在ᄒᆞ다가起ᄒᆞ야서로避코져ᄒᆞ거ᄂᆞᆯ帝ㅣ曰天下ㅣ定치못ᄒᆞᆫ이兩虎ㅣ엇지시러금私로鬪ᄒᆞ리오今日에朕이分호리라이에並히坐ᄒᆞ야歡을極히ᄒᆞ고遂히車를共ᄒᆞ고同히出ᄒᆞ야友를結ᄒᆞ고去ᄒᆞ다

鄧禹ㅣ自馮愔叛後로威名이稍損ᄒᆞ고又乏糧食ᄒᆞ야戰數不利ᄒᆞ니歸附者ㅣ日益離散이러다 出禹傳

鄧禹ㅣ馮愔이叛ᄒᆞᆫ後로브터威名이稍히損ᄒᆞ고糧食이乏ᄒᆞ야戰ᄒᆞᆷ이자조利치못ᄒᆞ니歸附ᄒᆞᆫ者ㅣ日로더욱離散ᄒᆞ더라

赤眉ㅣ暴亂三輔ᄒᆞ니郡縣大姓이各擁兵衆ᄒᆞ야禹ㅣ不能定이어ᄂᆞᆯ帝ㅣ乃遣偏將軍馮異ᄒᆞ야代禹討之ᄒᆞᆯ서車駕ㅣ送至河南ᄒᆞ야勅異曰三輔ㅣ遭王莽更始之亂ᄒᆞ고重以赤眉延岑之酷ᄒᆞ야元元이塗炭ᄒᆞ야 元者善人也元元者非一人也民陷於塗爇於炭 無所依訴ᄒᆞ니將軍이今奉辭ᄒᆞ야討諸不軌營

(渠)大也

堡ᄒᆞ니(堡小城也)降者를 遣其渠帥ᄒᆞ야 詣京師ᄒᆞ고 散其小民ᄒᆞ야 令就農桑ᄒᆞ고 壞其營壁ᄒᆞ야 無使復聚ᄒᆞ라 征伐은 非略地屠城이라 要在平定安集之耳니 諸將이 非不健鬪나 然이나 好虜掠이라 卿은 本能御吏士ᄒᆞ니 念自修敕ᄒᆞ야 無爲郡縣所苦ᄒᆞ라 異ㅣ 頓首受命ᄒᆞ고 引而西ᄒᆞ야 所至에 威布信ᄒᆞ니 羣盜ㅣ 多降이러라

溫公曰昔周人頌武王之德曰鋪時繹思我徂惟求定言王者之志在布陳威德安民而已觀光武所以取關中用是道也豈不美哉

赤眉ㅣ 三輔를 暴亂ᄒᆞ니 郡縣大姓이 各히 兵衆을 擁ᄒᆞ야 禹ㅣ 能히 定치못ᄒᆞ거ᄂᆞᆯ 帝ㅣ 이에 偏將軍馮異를 遣ᄒᆞ야 禹를 代ᄒᆞ야 討ᄒᆞᆯ식 車駕ㅣ 河南에 送至ᄒᆞ야 異를 勅ᄒᆞ야 曰 三輔ㅣ 王莽과 更始의 亂을 遭ᄒᆞ고 重히 赤眉와 延岑의 酷을 以ᄒᆞ야 元元이 塗ᄒᆞ고 炭ᄒᆞ야 依訴ᄒᆞᆯ바ㅣ 無ᄒᆞ니 將軍이 今에 辭를 奉ᄒᆞ야 모든 不軌의 營堡를 討ᄒᆞ니 降ᄒᆞᄂᆞᆫ 者를 그 渠帥만 遣ᄒᆞ야 京師로 詣ᄒᆞ고 그 小民을 散ᄒᆞ야 하여곰 農桑에 就케ᄒᆞ고 그 營壁을 壞ᄒᆞ야 하여곰 다시 聚치 말게ᄒᆞ라 征伐은 地를 略ᄒᆞ고 城을 屠ᄒᆞᆷ이 아니라 要ㅣ 平定安集ᄒᆞᆷ이 在ᄒᆞ니 諸將이 健鬪치 아니ᄒᆞᆷ이 아니나 그러나 虜掠을 好ᄒᆞᄂᆞᆫ지라 卿은 本히 吏士를 能御ᄒᆞ니 念ᄒᆞ야 스ᄉᆞ로 修勅ᄒᆞ야 郡縣의 苦ᄒᆞᆯ바이 無케ᄒᆞ라 異ㅣ 首를 頓ᄒᆞ고 命을 受ᄒᆞ고 引ᄒᆞ야 西로ᄒᆞ야 至ᄒᆞᄂᆞᆫ바에 威信을 布ᄒᆞ니 群盜ㅣ 마니

(四親廟)禮天子立親廟四今依以立舂陵節侯鬱林太守鉅鹿都尉南頓令廟也

降ᄒᆞ더라

又詔徵鄧禹還曰愼毋與窮寇로爭鋒ᄒᆞ라 本傳無此句 赤眉ㅣ無穀ᄒᆞ니自當來라吾ㅣ以飽待飢ᄒᆞ며以逸待勞ᄒᆞ야 折箠笞之ᄒᆞ리니 箠馬策也 非諸將憂也ㅣ라無得復妄進兵ᄒᆞ라 出鄧禹傳

또詔ᄒᆞ야鄧禹를徵ᄒᆞ야還ᄒᆞ야曰愼히窮寇로더브러鋒을爭치말라赤眉ㅣ穀이無ᄒᆞ니스ᄉᆞ로맛당이來ᄒᆞᆯ지라吾ㅣ飽로써飢를待ᄒᆞ며逸로써勞를待ᄒᆞ야箠를折ᄒᆞ야笞ᄒᆞ리니諸將의憂ㅣ아니라시러곰다시妄히進치말라

(丁亥)三年이라立四親廟於雒陽ᄒᆞ다 雒本作洛成周洛陽也在澗水東漢河南郡寓縣魚豢云光武以漢火行忌水故去水加隹曰光武以後改爲雒字其地在成皐西宛縣北

三年이라四親廟를雒陽에立ᄒᆞ다

馮異ㅣ與赤眉로約期會戰ᄒᆞᆯ시使壯士로變服ᄒᆞ야與赤眉同ᄒᆞ고伏於道側이러니旦日에赤眉ㅣ使萬人으로攻異前部어늘異ㅣ少出兵以救之ᄒᆞᆫ되賊이見勢弱ᄒᆞ고遂悉衆攻異어늘異ㅣ乃縱兵大戰이러니日昃에 日過中也 賊氣ㅣ既衰ᄒᆞ고伏兵이卒起ᄒᆞ야衣服이相亂이라

馮異ㅣ赤眉로더브러期를約ᄒᆞ고會ᄒᆞ야戰ᄒᆞᆯᄉᆡ壯士로ᄒᆞ야곰服을變ᄒᆞ야赤眉로더브러同히ᄒᆞ고道側에伏ᄒᆞ얏더니旦日에赤眉ㅣ萬人으로ᄒᆞ야곰異의前部를攻ᄒᆞ거ᄂᆞᆯ異ㅣ少히兵을出ᄒᆞ야ᄡᅥ敵ᄒᆞᆫ대賊이勢가弱ᄒᆞᆷ을見ᄒᆞ고드대여衆을悉ᄒᆞ야異를攻ᄒᆞ거ᄂᆞᆯ異ㅣ이에兵을縱ᄒᆞ고大히戰ᄒᆞ더니日昃에賊氣ㅣ임의衰ᄒᆞ고伏兵이卒히起ᄒᆞ야衣服이서로亂ᄒᆞᆫ지라

赤眉不復識別ᄒᆞ야衆遂驚潰ᄂᆞᆯ어追擊大破之於殽底ᄒᆞ야 殽通作崤山名也今陝縣東二十里古殽道也杜預曰在弘農澠池縣西崤是也底下也括地志洛州永寧西北二 降男女八萬ᄒᆞᆫ디 帝ㅣ降璽書勞異曰始에雖垂翅回谿나ㅣ 翅翼也回谿在澠池此俗名回坑 終能奮翼澠池ᄒᆞ니 可謂失之東隅오ㅣ 日出處也 東隅隅陬也 收之桑榆다 桑榆木名王氏曰前書谷永曰太白州西方六十日法當參人今已過期尙在桑榆之間註桑榆謂晩也或作日入處也淮南子曰西日垂景在樹端謂之桑榆 方論功賞ᄒᆞ야以答大勳ᄒᆞ리다

赤眉ㅣ다시識別치못ᄒᆞ야衆이드듸여驚潰ᄒᆞ거ᄂᆞᆯ追擊ᄒᆞ야크게殽底에서破ᄒᆞ야男女八萬을降ᄒᆞᆫ되帝ㅣ璽書를降ᄒᆞ야異를勞ᄒᆞ야曰始에비록翅를回谿에垂ᄒᆞ나終에能히翼을澠池에奮ᄒᆞ니可히이르되東隅이失ᄒᆞ고桑榆에收ᄒᆞᆷ이로다바야흐로功賞을議ᄒᆞ야ᄡᅥ大勳을荅ᄒᆞ리라

赤眉餘衆이東向宜陽ᄂᆞᆯ이어 帝 親勒六軍ᄒᆞ야嚴陳以待之니러 赤眉

(識別)識 音志

(嚴陳)陳 讀曰陣

ㅣ忽遇大軍에驚震不知所謂ᄒᆞ야乃遣劉恭乞降曰盆子ㅣ將百萬衆降ᄒᆞ리니陛下ㅣ將何以待之잇고帝ㅣ曰待汝以不死耳니라盆子及丞相徐宣以下三十餘人이肉袒降ᄒᆞ고上所得傳國璽綬ᄒᆞ고積兵甲宜陽城西ᄒᆞ니與熊耳山으로齊러라赤眉衆이尙十餘萬人이어늘帝令廚縣ᄒᆞ야皆賜食ᄒᆞ다

王氏曰璽者玉印也綬帶也所以繫璽黃赤綬四采武都紫泥封盛以靑囊白素裏兩端無縫尺一版中約署衛宏ㅣ云秦皇以前以金銀爲方寸璽秦得和氏璧乃以玉爲之螭獸紐在六璽之外李斯書其文曰受名于天旣壽永昌號曰傳國璽漢高定三秦子嬰獻之後王莽簒逆詒元后取之莽亾王憲得之李松入長安斬憲取璽送上更始奉赤眉赤眉立劉盆子盆子奉上光武後董卓作亂掌璽者投諸井孫堅入洛討卓軍於城南見井中有五色光堅乃浚井得璽袁術僭逆乃拘堅妻奪之時徐璆被徵詣京師道爲術所刦後術死璆得璽還以上獻帝曹氏取之漢後以奉于晉前趙劉聰使劉曜入洛陽執晉懷取璽詣平陽後爲石勒所幷璽乃屬勒勒爲冉閔所滅璽屬閔閔敗璽存閔大將軍蔣幹求救於晉謝尙使戴施據抗頭遂入鄴助守紿幹得璽以晉穆帝永和八年還

赤眉의餘衆이東으로宜陽을向ᄒᆞ거늘帝ㅣ親히六軍을勒ᄒᆞ야陳을嚴히ᄒᆞ고써待ᄒᆞ얏더니赤眉ㅣ忽히大軍을遇홈의驚震ᄒᆞ야謂ᄒᆞᆯ바를知치못ᄒᆞ야이에劉恭을遣ᄒᆞ야乞降ᄒᆞ야曰盆子ㅣ百萬衆을將ᄒᆞ고降ᄒᆞ리니陛下ㅣ장ᄎᆞᆺ엇지써待ᄒᆞ리잇고帝ㅣ曰死치아니홈으로써汝를待ᄒᆞ리라盆子와밋丞相徐宣以下三十餘人이肉에袒ᄒᆞ고降ᄒᆞ고得ᄒᆞᆫ바傳國璽綬를上ᄒᆞ고兵甲을宜陽城西에積ᄒᆞ니熊耳山으로

더브러齊ᄒᆞ더라赤眉의衆이오히려十餘萬人라帝ㅣ厨縣에슈ᄒᆞ야다食을賜ᄒᆞ다

初에梁王劉永이據國起兵ᄒᆞ야以董憲張步로爲將軍ᄒᆞ야專據東方ᄒᆞ야稱帝睢陽ᄒᆞ고復立步爲齊王이러니帝ㅣ方北憂漁陽ᄒᆞ고南事梁楚ㅣ라故로步ㅣ得專集齊地ᄒᆞ야據郡十二焉ᄒᆞ다

(劉永)文帝子梁孝王武八世孫

初에梁王劉永이야國에據ᄒᆞ야兵을起ᄒᆞ야董憲과張步로써將軍을솜아專혀東方에據ᄒᆞ야睢陽에셔帝라稱ᄒᆞ고다시步를立ᄒᆞ야齊王을솜얏더니帝ㅣ바야흐로北으로漁陽을憂ᄒᆞ고南으로梁楚를事ᄒᆞᆫ지라고로步ㅣ시러곰齊地를專集ᄒᆞ야郡十二를據ᄒᆞ다

涿郡太守張豐이反ᄒᆞ야與彭寵으로連兵ᄒᆞ다時에關中衆寇ㅣ猶盛이라馮異ㅣ且戰且行ᄒᆞ야屯兵上林苑中ᄒᆞ야以擊豪傑不從令者ᄒᆞ니威行關中이러라

涿郡太守張豐이反ᄒᆞ야彭寵으로더브러兵을連ᄒᆞ다時에關中衆寇ㅣ오히려盛ᄒᆞᆫ지라馮異ㅣᄯᅩ戰ᄒᆞ고ᄯᅩ行ᄒᆞ야兵을上林苑中에屯ᄒᆞ야써豪傑의令을從치안는者를擊ᄒᆞ니威가關中에行ᄒᆞ더라

蓋延이圍睢陽ᄒᆞ야斬劉永ᄒᆞᆫ대蘇茂ㅣ奔垂惠ᄒᆞ야共立永子紆ᄒᆞ야爲梁王ᄒᆞ다

蓋延이睢陽을圍ᄒᆞ야劉永을斬ᄒᆞᆫ대蘇茂ㅣ垂惠에奔ᄒᆞ야共히永의子紆를立ᄒᆞ야梁王을삼다

耿弇이從容言於帝ᄒᆞ야自請北收上谷兵ᄒᆞ야定彭寵於漁陽ᄒᆞ고取張豐於涿郡ᄒᆞ고還收富平獲索ᄒᆞ고東攻張步ᄒᆞ야以平齊地ᄒᆞ리라ᄒᆞᆫ대帝ㅣ壯其意ᄒᆞ야許之ᄒᆞ다

耿弇이從容히帝에게言ᄒᆞ야ᄉᆞᄉᆞ로請ᄒᆞᆫ대北으로上谷兵을收ᄒᆞ야彭寵을漁陽에定ᄒᆞ고張豐을涿郡에取ᄒᆞ고富平獲索을還收ᄒᆞ고東으로張步를攻ᄒᆞ야써齊地를平ᄒᆞ겟다ᄒᆞᆫ대帝ㅣ그意를壯히ᄒᆞ야許ᄒᆞ다

(戊子)四年이라吳漢王梁이擊破五校於臨平ᄒᆞ다

四年이라吳漢과王梁이五校를臨平에서擊ᄒᆞ야破ᄒᆞ다

耿弇祭遵等이討張豐於涿郡ᄒᆞ야禽之ᄒᆞ다

耿弇과祭遵等이張豐을涿郡에서討ᄒᆞ야禽ᄒᆞ다

王莽末에天下ㅣ亂이어ᄂᆞᆯ臨淮大尹侯霸ㅣ獨能保全其郡이러니帝ㅣ徵霸會壽春ᄒᆞ야拜尙書令ᄒᆞ니時에朝廷에無故典ᄒᆞ고又少舊臣이라霸ㅣ明習故事ᄒᆞ야收錄遺文ᄒᆞ야條奏前世善政法度ᄒᆞ야施行之ᄒᆞ다 出霸傳

王莽末에天下ㅣ亂ᄒᆞ거ᄂᆞᆯ臨淮大尹侯霸ㅣᄒᆞᆯ로能히그郡을保全ᄒᆞ더니帝ㅣ霸를徵ᄒᆞ야壽春에會ᄒᆞ야尙書令을拜ᄒᆞ니時에朝廷에故典이無ᄒᆞ고ᄯᅩ舊臣이少ᄒᆞᆫ지라霸ㅣ故事에明習ᄒᆞ야遺文을收錄ᄒᆞ야前世善政法度를條奏ᄒᆞ야施行ᄒᆞ다

更始之末에公孫述이卽皇帝位於成都어ᄂᆞᆯ隗囂ㅣ使馬援으로往觀述ᄒᆞᆫ대援이素與述로同里閈相善이라 閈侯旰反閭也汝南平輿里門曰閈蓋援述扶風茂陵人故云

更始의末에公孫述이皇帝位을成都에셔卽ᄒᆞ거ᄂᆞᆯ隗囂ㅣ馬援으로ᄒᆞ야곰往ᄒᆞ야述을觀ᄒᆞᆫ대援이본ᄃᆡ述로더부러同里閈ᄒᆞ야相善ᄒᆞᆫ지라

以爲旣至에當握手歡如平生이러니而述이盛陳陛衛ᄒᆞ고延援入ᄒᆞ야交拜禮畢에使出館ᄒᆞ고更爲援ᄒᆞ야製道布單衣ᄒᆞ야 都一作答答布白疊布也出安子國單衣若朝服中

(陳陛衛)於階陛間大布兵衛也

(交讓冠) 謂賓主禮相見之冠

單也 交讓冠ᄒᆞ고會百僚於宗廟中ᄒᆞ야立舊交之位ᄒᆞ고述이鸞旗旄騎로 旄莫抱反旄頭之騎也徐氏曰乘輿南麾內羽仗班弓前右罼右畢執罼著冠熊皮冠謂之旄頭 警蹕就車ᄒᆞ야 蹕必吉反所警者成肅也蹕止行人也 磐折而入ᄒᆞ야 磐折謂人曲禮拜之磐之若形也按磐一作黑石縣在虛上磐之形中曲垂兩頭言人要側似也 禮饗ᄒᆞ니官屬이甚盛이러니欲授援以封侯大將軍位ᄒᆞ니賓客이皆樂留어늘援이曉之曰天下雌雄이未定이어늘公孫아不吐哺走迎國士ᄒᆞ야 按魯世家周公伐伯禽曰我一沐三握髮一飯三吐哺起以待士猶恐失天下之賢人 與圖成敗ᄒᆞ고反脩飾邊幅ᄒᆞ야 王氏曰邊畔也田有界畔布帛廣曰幅修飾者布帛之修整邊幅也 如偶人形ᄒᆞ니此子ㅣ何足久稽天下士乎리오 稽留也 因辭歸ᄒᆞ야謂囂曰子陽은井底蛙耳라 蛙烏瓜反水蟲形似蝦蟇言如蛙坐井中所見者小也 而妄自尊大ᄒᆞ니不如專意東方이니라

써ᄒᆞ되임의至홈의맛당이握手ᄒᆞ고歡ᄒᆞ기를平生갓치ᄒᆞ리라ᄒᆞ얏더니述이셩하게陛衛을陳ᄒᆞ고써援을延入ᄒᆞ야交拜禮를畢홈의ᄒᆞ야곰館에나가게ᄒᆞ고다시援을위ᄒᆞ야道布單衣을지여셔交讓冠을ᄒᆞ고百僚을宗廟中에會ᄒᆞ야舊交의位을세우고述이鸞旗旄旗로警蹕ᄒᆞ고就車ᄒᆞ야磐折ᄒᆞ고入ᄒᆞ야禮饗ᄒᆞ니官屬이甚盛ᄒᆞ더라封侯ᄒᆞ고大將軍位로써援을주고ᄌᆞᄒᆞ니賓客이다留ᄒᆞ기를질겨ᄒᆞ거늘援이효유ᄒᆞ야曰天下雌雄이定치못ᄒᆞ얏거늘公孫이吐哺ᄒᆞ고國士를走迎ᄒᆞ야더부러

(二帝)指述與己也 (大慙)言自慚德薄而稱帝也

成敗를圖치안코反히邊幅을脩飾ᄒᆞ야偶人形갓ᄒᆞ니此子ㅣ엇지足히오리天下의士을稽ᄒᆞ리요因ᄒᆞ야辭歸ᄒᆞ야囂ᄃᆞ려일너日子陽은井底의蛙라妄히ᄉᆞᄉᆞ로尊大ᄒᆞ니오로지東方으로뜻ᄒᆞᆷ만不如ᄒᆞ니라

囂ㅣ乃使援으로奉書洛陽ᄒᆞ니援이初到에帝在宣德殿南廡下ᄒᆞ사但幘坐迎ᄒᆞ야(廡罔甫反堂下周屋也 幘側革反髮有巾曰幘)笑謂援曰卿이遨遊二帝間ᄒᆞ니今見卿에使人大慙이로다援이頓首辭謝ᄒᆞ고因曰當今之世에非但君擇臣이라臣亦擇君耳니이다

囂ㅣ이에援으로ᄒᆞ야곰書를洛陽에奉ᄒᆞ니援이처음으로到ᄒᆞᆷ의帝가宣德殿南廡下에坐ᄒᆞᄉᆞ但幘으로坐迎ᄒᆞ야笑ᄒᆞ고援더러일너日卿이二帝間에遨遊ᄒᆞ니今에卿을見ᄒᆞᆷ의人으로ᄒᆞ야곰大慙ᄒᆞ도다援이頓首ᄒᆞ고辭謝ᄒᆞ야인ᄒᆞ야日當今의世에君만擇臣ᄒᆞᆯ뿐아니라臣도ᄯᅩᄒᆞᆫ君을擇ᄒᆞᄂᆞ이다

臣이與公孫述로同縣少相善이러니臣이前至蜀에述이陛戟以後에進臣ᄒᆞ더니(陛戟謂陳列槃戟於階陛之下以爲儀衛)臣이今에遠來어늘陛下ㅣ何知非刺客姦人

(盜名字) 謂譖竊名號稱帝稱王也
(同符高祖) 言與高祖若合符節

而簡易若是시고 帝ㅣ復笑曰卿非刺客이라顧說客耳로다 援이曰天下에反復盜名字者를不可勝數니라今見陛下ᄒᆞ니 恢廓大度ㅣ同符高祖라 乃知帝王이 自有眞也로소이다 出馬援傳

臣이公孫述로더브러同縣에셔少로相善ᄒᆞ던니臣이前에蜀에至ᄒᆞᆫ즉述이陛戟ᄒᆞ고以後에臣을進ᄒᆞ더니臣이今에遠來ᄒᆞ얏거ᄂᆞᆯ陛下게옵셔엇지刺客姦人이아닌쥴로아시고簡易ᄒᆞ심을이갓치ᄒᆞᄂᆞᆫ잇가帝가笑曰卿은刺客이아니라顧컨ᄃᆡ說客이로다援이曰天下에反復ᄒᆞ야名字를盜ᄒᆞᄂᆞᆫ者ㅣ不可勝數로ᄃᆡ今에陛下를뵈오니恢廓ᄒᆞ신大度가高帝와갓ᄒᆞ신지라이에帝王이自히眞이有홈을知ᄒᆞ갯노이다

(己丑)五年이라 帝使來歙으로 持節ᄒᆞ야 送馬援歸隴右ᄒᆞ다 隗囂ㅣ與援으로共臥起ᄒᆞ야 問以東方事ᄒᆞᆫᄃᆡ 曰前到朝廷ᄒᆞ니 上이 引見數十ᄒᆞᆫ每接燕語ᄒᆞᄉᆞᄃᆡ 自夕至旦ᄒᆞ시니 才明勇略이 非人敵也요 且開心見誠ᄒᆞ야 無所隱伏ᄒᆞ니 闊達多大節은 畧與高帝로 同ᄒᆞ고 經學博覽

(文辨)文華卞別也

과**政事文辨**은**前世無比**러라

五年이라帝ㅣ來歙으로ᄒᆞ야곰節을持ᄒᆞ야馬援을送ᄒᆞ야隴右에歸ᄒᆞ다隗囂ㅣ援으로더브러臥起를共히ᄒᆞ야東方事로써問ᄒᆞᆫ대曰前에朝廷에到ᄒᆞ니上이數十을引見ᄒᆞ사미양接ᄒᆞ야燕語ᄒᆞ사ᄃᆡ夕으로브터旦에至ᄒᆞ시니才明勇略이人의敵이아니오또心을開ᄒᆞ고誠을見ᄒᆞ야隱伏ᄒᆞᄂᆞᆫ바이無ᄒᆞ니濶達ᄒᆞ고大節이多ᄒᆞᆷ은略히高帝로더브러同ᄒᆞ고經學博覽과政事文辨은前世에比ᄒᆞ리無ᄒᆞ더라

囂曰ㅣ**卿謂何如高帝**오**援**이**曰不如也**ㅣ니**高帝**ᄂᆞᆫ**無可無不可**어니와**今上**은**好吏事**ᄒᆞ사**動如節度**ᄒᆞ시고**又不喜飮酒**러라**囂**ㅣ**意不懌**(懌音亦不悅也)**曰如卿言**대인**反復勝耶**아 (出援傳)

囂ㅣ曰卿은高帝와何如타謂ᄒᆞᄂᆞ뇨援이曰如치못ᄒᆞ니高帝ᄂᆞᆫ可ᄒᆞᆷ도無ᄒᆞ고不可ᄒᆞᆷ도無ᄒᆞ거니와今上은吏事를好ᄒᆞ샤動ᄒᆞᆷ이節度갓ᄒᆞ시고또飮酒를不喜ᄒᆞ더라囂ㅣ意에懌치아니ᄒᆞ야曰卿의言과如ᄒᆞᆯ진ᄃᆡ도로혀다시勝ᄒᆞᆫ가

馬武와**王霸**ㅣ**擊蘇茂周建**ᄒᆞ야**破之**ᄒᆞᆫ대**建**은**於道死**ᄒᆞ고**茂**ᄂᆞᆫ**犇下邳**ᄒᆞ야(東海邑本在薛其後徙此有上邳故曰下邳)**與董憲**으로**合**ᄒᆞ고**劉紆**ᄂᆞᆫ**犇佼彊**ᄒᆞ다(佼姓也或作姣)

馬武와王霸ㅣ蘇武와周建을擊ᄒᆞ야破ᄒᆞᆫ대建은道에서死ᄒᆞ고茂ᄂᆞᆫ下邳로犇ᄒᆞ야董憲으로더부러合ᄒᆞ고劉紆ᄂᆞᆫ佼彊의게犇ᄒᆞ다

彭寵의蒼頭子密等(漢名奴爲蒼頭者服純黑以別於良人也)三人이殺寵以降이어ᄂᆞᆯ帝ㅣ封子密ᄒᆞ야爲不義侯ᄒᆞ다

彭寵에蒼頭子密等三人이寵을殺ᄒᆞ야降ᄒᆞ거ᄂᆞᆯ帝ㅣ子密을封ᄒᆞ야不義侯를삼다

吳漢이率耿弇等ᄒᆞ고擊富平獲索於平原ᄒᆞ야(地理志平原在富平縣獲索賊名)大破之어ᄂᆞᆯ上이因詔弇ᄒᆞ야進討張步ᄒᆞ다

吳漢이耿弇等을率ᄒᆞ고富平獲索을平原에서擊ᄒᆞ야大破ᄒᆞ거ᄂᆞᆯ上이因ᄒᆞ야弇를詔ᄒᆞ야張步를進討케ᄒᆞ다

帝ㅣ以郭伋으로爲漁陽太守ᄒᆞ다伋이承離亂之後ᄒᆞ야養民訓兵ᄒᆞ야開示威信ᄒᆞ니盜賊이銷散ᄒᆞ고匈奴ㅣ遠跡ᄒᆞ야在職五年에戶口ㅣ增倍ᄒᆞ더라(本傳出)

帝ㅣ郭伋으로써漁陽太守를삼다伋이離乱의後를承ᄒᆞ야民을養ᄒᆞ고兵을訓ᄒᆞ야

威信을開示ᄒᆞ니盜賊이銷散ᄒᆞ고匈奴ㅣ跡을遠히ᄒᆞ야職에在ᄒᆞᆫ지五年에戶口ㅣ增倍ᄒᆞ더라

平敵將軍龐萌의爲人이遜順ᄒᆞ니帝ㅣ信愛之ᄒᆞ야常稱曰可以托六尺之孤ᄒᆞ며寄百里之命者ᄂᆞᆫ龐萌이是也라ᄒᆞ고使與蓋延으로共擊董憲ᄒᆞ니時에詔書ㅣ獨下延而不及萌이라萌이以爲延이譖己라ᄒᆞ야自疑遂反ᄒᆞ야襲延軍破之ᄒᆞ고與董憲連和ᄒᆞ야自號東平王이어ᄂᆞᆯ帝ㅣ聞之大怒ᄒᆞ야自將討萌ᄒᆞᆯ서與諸將書曰吾ㅣ常以龐萌으로爲社稷臣이러니將軍이得無笑其言乎아老賊이當族이니其各厲兵馬ᄒᆞ야會睢陽ᄒᆞ라

平敵將軍龐萌의人됨이遜ᄒᆞ고順ᄒᆞ니帝ㅣ信愛ᄒᆞ야常稱ᄒᆞ야曰可히써六尺의孤를托ᄒᆞᆯ만ᄒᆞ며百里의命을寄ᄒᆞᆯ者ᄂᆞᆫ龐萌이是라ᄒᆞ고ᄒᆞ야곰蓋延으로더브러共히董憲을擊ᄒᆞ니時에詔書ㅣ홀로延에게下ᄒᆞ고萌에게及치아니ᄒᆞᆫ지라萌이써ᄒᆞ되延이己를譖ᄒᆞ얏다ᄒᆞ야스ᄉᆞ로疑ᄒᆞ고드대여反ᄒᆞ야延軍을襲ᄒᆞ야破ᄒᆞ고董憲으로더부러連和ᄒᆞ야스ᄉᆞ로東平王이라號ᄒᆞ거ᄂᆞᆯ帝ㅣ聞ᄒᆞ고크게怒ᄒᆞ야스ᄉᆞ로將

고萌을討ᄒᆞ시諸將에게書를與ᄒᆞ야曰吾ㅣ常히龐萌으로써社稷臣을삼엇더니將軍이시러곰그言을笑치아니ᄒᆞ야ᄂᆞ야老賊을맛당이族ᄒᆞᆯ지니그各기兵馬를厲ᄒᆞ야睢陽에會ᄒᆞ라

隗囂ㅣ問於班彪曰往者周亡에戰國이並爭ᄒᆞ야數世然後에定ᄒᆞ니意者컨ᄃᆡ從橫之事ㅣ復起於今乎아將承運迭興이在於一人也도다

隗囂ㅣ班彪다려問ᄒᆞ야曰往者에周ㅣ亡ᄒᆞᆷ의戰國이並爭ᄒᆞ야數世에定ᄒᆞ니意컨ᄃᆡ從橫의事ㅣ다시今에起ᄒᆞᄂᆞᆫ가장ᄎᆞᆺ承運ᄒᆞ야迭興ᄒᆞᆷ이一人에在ᄒᆞ도다

彪ㅣ曰周之廢興이與漢으로殊異ᄒᆞ니昔에周ㅣ爵五等ᄒᆞᆯ셔諸侯ㅣ從政ᄒᆞ야本根이既微에枝葉이強大ㅣ라故로其末流에有從橫之事ᄒᆞ니勢數然也어니와漢承秦制ᄒᆞ야改立郡縣ᄒᆞ니主有專己之威ᄒᆞ고臣無百年之柄이러니至於成帝ᄒᆞ야假借外家ᄒᆞ고(假借並去聲外家王氏也謂以權勢假付與諸與)哀平이短祚ᄒᆞ야國嗣ㅣ三絕이라

彪ㅣ曰周의廢興이漢으로더브러殊異ᄒᆞ니昔에周爵五等ᄒᆞᆯᄉᆡ諸侯ㅣ政을從ᄒᆞ야
本根이旣微ᄒᆞᆷ의枝葉이强大ᄒᆞᆫ지라고로그末流에從橫의事가有ᄒᆞ니勢數ㅣ然ᄒᆞ
거니와漢이秦制를承ᄒᆞ야郡縣을改立ᄒᆞ니主ᄂᆞᆫ專己의威가有ᄒᆞ고臣은百年의柄
이無ᄒᆞ더니成帝에至ᄒᆞ야外家에假借ᄒᆞ고哀平이祚가短ᄒᆞ야國嗣三絕ᄒᆞᆫ지라

故로王氏ㅣ擅朝ᄒᆞ야能竊號位ᄒᆞ니危自上起오傷不及下ㅣ라是以로
即眞之後에天下ㅣ引領而歎ᄒᆞ니十餘年間에中外騷擾ᄒᆞ고遠近
이俱發ᄒᆞ야假號雲合에咸稱劉氏ᄒᆞ야不謀同辭ᄒᆞ니方今에雄傑이帶
州域者ㅣ皆無六國世業之資ᄒᆞ고百姓이謳吟思仰ᄒᆞ니漢必復
興을已可知矣니라

故로王氏ㅣ朝를擅ᄒᆞ야能히號位를竊ᄒᆞ니危ᄂᆞᆫ上으로브러起ᄒᆞ고傷은下에及지
안ᄒᆞᆫ지라이로써即眞ᄒᆞᆫ後에天下ㅣ領을引ᄒᆞ고歎ᄒᆞ니十餘年間에中外ㅣ騷擾ᄒᆞ
고遠과近이갓치發ᄒᆞ야號를假ᄒᆞ고雲合ᄒᆞᆷ의다劉氏를稱ᄒᆞ야謀치안코辭가同ᄒᆞ
니方今에雄傑이州域을帶ᄒᆞᆫ者ㅣ다六國世業의資가無ᄒᆞ고百姓이謳吟ᄒᆞ고思仰
ᄒᆞ니漢이반다시興ᄒᆞᆷ을임의可히知ᄒᆞᆯ지니라

囂ㅣ曰生이言周漢之勢ᄂᆞᆫ可也어니와至於但見愚人에習識劉

氏姓號之故로而謂漢이復興은䟽矣로다

寡ㅣ日生이周漢의勢를言홈은可ᄒᆞ거니와다만愚人에劉氏의姓號를習識홈을見ᄒᆞ고로漢이다시興ᄒᆞ다謂홈에至ᄒᆞ야ᄂᆞᆫ踈ᄒᆞ도다

昔에秦失其鹿에劉季ㅣ逐而掎之ᄒᆞ니 按淮陰傳秦失其鹿天下共逐之於是高材疾足者先得焉註云以鹿喩帝位也劉季漢高祖也諱邦字季又左傳譬如捕鹿諸戎掎之註掎居綺反從後牽曰掎 時民이復知漢乎아彪ㅣ乃爲之著王命論ᄒᆞ야以風切之ᄒᆞ니 出彪傳末句不同

昔에秦이그鹿을失홈의劉季ㅣ逐ᄒᆞ야掎ᄒᆞ얏스니時民이다시漢을知ᄒᆞ랴彪ㅣ이에爲ᄒᆞ야王命論을著ᄒᆞ야써風ᄒᆞ야切ᄒᆞ니

曰昔에堯之禪舜에曰天之曆數ㅣ在爾躬이라ᄒᆞ시니舜이亦以命禹ᄒᆞ사洎于稷契ᄒᆞ야 洎及也 咸佐唐虞ᄒᆞ야至湯武而有天下ᄒᆞ시고劉氏ᄂᆞᆫ承堯之祚ᄒᆞ니堯ㅣ據火德而漢이紹之ᄒᆞ야有赤帝之符ᄂᆞᆫ어俗見高帝ㅣ興於布衣ᄒᆞ고不達其故ᄒᆞ야至比天下於逐鹿ᄒᆞ야幸捷而得之ᄒᆞ라ᄒᆞ고 捷獲也勝也 不知神器有命ᄒᆞ야不可以智力求也ᄒᆞ니悲夫라此ㅣ世所

以多亂臣賊也로다

曰昔에堯ㅣ舜에게禪ᄒᆞ야曰天의曆數ㅣ爾躬에在ᄒᆞ다ᄒᆞ시니舜이ᄯᅩᄡᅥ禹를命ᄒᆞ사稷과契에洎ᄒᆞ야다唐虞를佐ᄒᆞ야湯武에至ᄒᆞ야天下를有ᄒᆞ시고劉氏ㅣ堯의祚를承ᄒᆞ니堯ㅣ火德를據ᄒᆞᆷ의漢이紹ᄒᆞ야赤帝의符가有ᄒᆞ거놀俗에高帝ㅣ布衣에셔興ᄒᆞᆷ을見ᄒᆞ고그故를達치못ᄒᆞ야天下를逐鹿에比ᄒᆞᆷ에至ᄒᆞ야幸히捷ᄒᆞ야得ᄒᆞ얏다ᄒᆞ고神器가命이有ᄒᆞ야可히智力으로ᄡᅥ求치못ᄒᆞᆷ을不知ᄒᆞ니悲ᄒᆞ다此ㅣ世에亂臣과賊子가多ᄒᆞᆫ所以로다

夫饑饉流隸ㅣ(蔬不熟曰饉流隸謂流離之人卽隸之徒也)飢寒道路ᄒᆞ야所願이不過一金이나然이나終轉死溝壑은何오則貧窮이亦有命也ㄹ서니況乎天子之貴와四海之富와神明之祚를可得而妄處哉아故로雖遭離阨會ᄒᆞ야竊其權柄ᄒᆞ야勇如信布ᄒᆞ고(謂韓信鯨布)强如梁籍ᄒᆞ고(謂項梁項羽)成如王莽이라도(謂王莽簒位其勢已成也)然이나卒潤鑊(鼎大而無足曰鑊)伏質ᄒᆞ야烹醢分裂이어든(伏質如字質鍖也伏於鍖上而斬之)又況么麽ㅣ不及數子오(公麽者微少之稱)而欲闇奸天位者乎아(闇隱晦貌奸犯非禮也)

무릇饑饉과流隸가道路에飢寒ᄒᆞ야所願이一金에不過ᄒᆞ나然이나終히溝壑에死

홈은何이뇨곳貧窮이또ᄒᆞᆫ命이有홈시니況天子의貴와四海의富와神明의祚를可
히得ᄒᆞ야妄히處ᄒᆞ랴故로비록阨會를遭離ᄒᆞ야그權柄을竊ᄒᆞ야勇은信과布갓고
强은梁과籍과갓고成은王莽과갓더라도然이나卒히鑊에潤ᄒᆞ고質에伏ᄒᆞ야烹醢
ᄒᆞ고分裂ᄒᆞ얏거든또하믈며么麽ㅣ數子에及지못ᄒᆞ고天位를闇奸코져ᄒᆞᄂᆞᆫ者랴

昔에**陳嬰之母**ᄂᆞᆫ**以嬰家世貧賤**으로**卒富貴**ㅣ**不祥**이라ᄒᆞ야**止嬰勿王**ᄒᆞ고**王陵之母**ㅣ**知漢**이**必得天下**ᄒᆞ고**伏劒而死**ᄒᆞ야**以固勉陵**ᄒᆞ니**夫以匹婦之明**으로도**猶能推事理之致**ᄒᆞ며**探禍福之機**ᄒᆞ야**而全宗祀於無窮**ᄒᆞ며**垂策書於春秋**어든**而況大丈夫之事乎**아

昔에陳嬰의母ㅣ嬰의家勢貧賤홈으로써卒富貴홈이祥이아니라ᄒᆞ야嬰을止ᄒᆞ야
王치말나ᄒᆞ고王陵의母ᄂᆞᆫ漢이반다시天下를得홀줄知ᄒᆞ고劒에伏ᄒᆞ야死ᄒᆞ야써
굿이陵을勉ᄒᆞ엿스니무릇匹婦의明으로도써오히려能히事理의致를推ᄒᆞ며禍福
의機를探ᄒᆞ야宗祀를無窮에全ᄒᆞ며策書를春秋에垂ᄒᆞ거든況大丈夫의事이랴

是故로**窮達**이**有命**ᄒᆞ고**吉凶**이**由人**이라**嬰母**ᄂᆞᆫ**知廢**ᄒᆞ고**陵母**ᄂᆞᆫ**知興**ᄒᆞ니**審此二者**면**帝王之分**이**決矣**라

이런고로窮과達이命이有ᄒᆞ고吉과凶이人에由홈이라嬰의母ᄂᆞᆫ廢를知ᄒᆞ고陵의

母ᄂᆞᆫ興을知ᄒᆞ얏ᄉᆞ니이二者을審ᄒᆞ면帝王의分이決ᄒᆞᆫ지라

加之高祖ㅣ寬明而仁恕ᄒᆞ시고知人善任使ᄒᆞ샤當食吐哺ᄒᆞ야納子房之策ᄒᆞ시고拔足揮洗ᄒᆞ야揖酈生之說ᄒᆞ시고擧韓信於行陳ᄒᆞ시며收陳平於亡命ᄒᆞ시니英雄이陳力ᄒᆞ고羣策이畢擧ㅣ라此ㅣ高帝之大略이所以成帝業也ㅣ니라

加ᄒᆞ야高祖ㅣ寬明ᄒᆞ고仁恕ᄒᆞ시고人을知ᄒᆞ고善히任使ᄒᆞ샤食을當ᄒᆞ야吐哺ᄒᆞ야子房의策을納ᄒᆞ시고足을拔ᄒᆞ고洗를揮ᄒᆞ야酈生의說를揖ᄒᆞ시고韓臣을行陳에셔擧ᄒᆞ시며陳平을亡命에셔收ᄒᆞ시니英雄이力을陳ᄒᆞ고群策이다擧ᄒᆞᆫ지라此ㅣ高帝의大略이써帝業을成ᄒᆞ신바이니라

若乃靈瑞符應은其事ㅣ甚衆이라故로淮陰留侯ㅣ謂之天授오非人力也ㅣ라ᄒᆞ니英雄이誠知覺寤ᄒᆞ야超然遠覽ᄒᆞ고淵然深識ᄒᆞ야收陵嬰之命分ᄒᆞ고絕信布之覬覦ᄒᆞ면(覬幸也覦欲也 謂幸得其所欲)則福祚流於子孫ᄒᆞ야天祿이其永終矣리라(出前漢叙傳)

이靈瑞와符應갓흠은그事ㅣ甚히衆ᄒᆞᆫ지라고로淮陰留侯ㅣ謂호ᄃᆡ天授오人力이

아니라ᄒᆞ니英雄이誠히覺寤를知ᄒᆞ야超然히遠히覺ᄒᆞ고淵然이深히識ᄒᆞ야陵嬰의明分을收ᄒᆞ고信布의覬覦를絶ᄒᆞ면곳福祚가子孫에流ᄒᆞ야天祿이그永히終ᄒᆞ리라

囂ㅣ不聽이어ᄂᆞᆯ彪ㅣ遂避地河西ᄒᆞᆫ대竇融이以爲從事ᄒᆞ야甚禮重之어ᄂᆞᆯ彪ㅣ遂爲融畫策ᄒᆞ야使之專意事漢焉이러라 出彪傳

囂ㅣ聽치안커ᄂᆞᆯ彪ㅣ遂히地를河西로避ᄒᆞᆫ대竇融이써從事를삼아甚히禮를重히ᄒᆞ거ᄂᆞᆯ彪ㅣ드대여融을爲ᄒᆞ야策을畫ᄒᆞ야하야곰專意로漢을事케ᄒᆞ더라

初에竇融이自守河西러니聞帝威德ᄒᆞ고心欲東向이나以河西ㅣ隔遠으로未能自通ᄒᆞ야乃從隗囂ᄒᆞ야受建武正朔ᄒᆞᆫ대囂ㅣ皆假其將軍印綬ᄒᆞ다

初에竇融이ᄉᆞᄉᆞ로河西를守ᄒᆞ니帝의威德을聞ᄒᆞ고心에東으로向코져ᄒᆞ나河西ㅣ遠히隔ᄒᆞᆷ으로써能히ᄉᆞᄉᆞ로通치못ᄒᆞ야이에隗囂를從ᄒᆞ야建武正朔을受ᄒᆞᆫ대囂ㅣ다그將軍印綬를假ᄒᆞ다

囂ㅣ外順人望ᄒᆞ고內懷異心ᄒᆞ야使辯士張玄으로說融等曰更始ㅣ事已成이라가尋復亡滅ᄒᆞ니此ᄂᆞᆫ一姓이不再興之效라當各據土

字ᄒᆞ야與隴蜀合從이면(隴謂隗囂蜀謂公孫述子容反以和合爲從以相脅爲橫)高可爲六國이오(六國戰國時韓魏趙燕楚齊戰國之世各據其地)
下不失尉佗라(尉佗名也姓趙秦二世時南海尉任囂病且死召龍川令趙佗語曰聞項羽劉季等各起兵中國擾亂吾欲興兵自備會病甚且南海東西數千里可以立國旣以佗行南海尉事囂死佗即自立爲南粤武王)融等이召豪傑議之ᄒᆞ니其中識者ㅣ皆曰今皇帝姓
名이見於圖書ᄒᆞ니漢이有再受命之符라ᄒᆞ야늘
囂ㅣ外로人望을順ᄒᆞ고內로異心을懷ᄒᆞ야辯士張玄으로ᄒᆞ야곰融等을說ᄒᆞ야曰
更始ㅣ事가임의成ᄒᆞ다가尋에다시亡滅ᄒᆞ니此ᄂᆞᆫ一姓이再興의效가업슴이라맛
당이각々土宇를據ᄒᆞ야隴蜀으로더브러合從ᄒᆞ면高ᄒᆞ면可이六國이되고下ᄒᆞ더
라도尉佗를失치아니ᄒᆞᆯ지니라融等이豪傑을召ᄒᆞ야議ᄒᆞ니其中에識者ㅣ다갈오
ᄃᆡ今皇帝姓名이圖書에見ᄒᆞ얏스니漢이두번受命의符가有ᄒᆞ다ᄒᆞ야늘
融이遂決策東向ᄒᆞ야遣長史劉鈞等ᄒᆞ야奉書詣洛陽ᄒᆞᆫᄃᆡ帝見鈞
懽甚ᄒᆞ야禮饗畢에乃遣還ᄒᆞᆯ시賜融璽書曰今益州에有公孫子
陽ᄒᆞ고天水에有隗將軍ᄒᆞ니方蜀漢이相攻에權在將軍이라擧足左
右에便有輕重이니以此言之ᄒᆞ건ᄃᆡ欲相厚ㅣ豈有量哉아
融이드대여策을決ᄒᆞ고東으로向ᄒᆞ야長史劉鈞等을遣ᄒᆞ야書를奉ᄒᆞ고洛陽에詣

(便有輕重)言左投則蜀重右投則漢重也

ᄒᆞᆫ대帝ㅣ鈎을見ᄒᆞ고懼ᄒᆞ기를甚히ᄒᆞ야禮로饗키를畢ᄒᆞᆷ의이에遣ᄒᆞ야還ᄒᆞᆯ시融에게璽書를賜ᄒᆞ야日今益州에公孫子陽이有ᄒᆞ고天水에隗將軍이有ᄒᆞ니바야흐로蜀漢이서로攻ᄒᆞᆷ의權이將軍에게在ᄒᆞᆫ지라足을擧ᄒᆞ야左右ᄒᆞᆷ의믄득輕重이有ᄒᆞᆯ지니此로써言ᄒᆞᆯ진댄서로厚코져ᄒᆞᆷ이엇지量이有ᄒᆞ라

欲遂立桓文ᄒᆞ야輔微國인이 [齊桓公晉文公春秋時號爲賢君自糾合諸侯尊周室治强楚諸侯皆尊之以覇王] 當勉卒功業이오 欲三分鼎足ᄒᆞ야連衡合從인딘 亦宜以時定이라 天下ㅣ未幷ᄒᆞ야吾ㅣ與爾絶域이오 非相呑之國이니 今之議者ㅣ必有任囂ㅣ敎尉佗制七郡之計ᄒᆞ리니 [秦二世時南海尉任囂病敎趙佗以制七郡之謀 按七郡南海鬱林蒼梧合浦交趾九眞日南是也] 王者는有分土ᄒᆞ고無分民ᄒᆞ니 [凡裂土以封諸侯其受封者各有分也地志註有分土者謂立封疆也無分民者謂適往來不常厥居] 自適己事而已라ᄒᆞ고 [謂誼自謀順適己身之事] 因授融爲涼州牧ᄒᆞ다 璽書ㅣ至河西ᄒᆞ니 河西ㅣ皆驚ᄒᆞ야以爲天子ㅣ明見萬里之外라ᄒᆞ더라

드대여桓文을立ᄒᆞ야微國을輔코져ᄒᆞᆯ진댄맛당이勉ᄒᆞ야功業을卒ᄒᆞᆯ것이오鼎足을三分ᄒᆞ야連衡ᄒᆞ고合從코져ᄒᆞᆯ진댄또ᄒᆞᆫ맛당이時로써定ᄒᆞ라天下ㅣ幷치못ᄒᆞ야吾ㅣ爾로더브러域을絶ᄒᆞᆷ이오相呑의國이아니니今에議ᄒᆞᄂᆞᆫ者ㅣ必히任囂ㅣ

尉佗를敎ᄒᆞ야七郡을制ᄒᆞᆫ計가有ᄒᆞ리니王者ᄂᆞᆫ分土가有ᄒᆞ고分民이無ᄒᆞ니自히己事에適ᄒᆞᆯ다름이라ᄒᆞ고因ᄒᆞ야融을凉州牧을삼아璽書가河西에至ᄒᆞ니河西ㅣ皆驚ᄒᆞ야써ᄒᆞ되天子ㅣ明히萬里의外를見ᄒᆞᆫ다ᄒᆞ더라

張步ㅣ聞耿弇이至ᄒᆞ고使其將으로軍歷下ᄒᆞ고(地理志歷下古城枕泰山之麓極爲雄壯又襟帶濟水)又分兵屯祝阿ᄒᆞ고別於泰山鍾城에列營數十ᄒᆞ야以待之어ᄂᆞᆯ弇이渡河ᄒᆞ야先擊祝阿拔之ᄒᆞ다

張步ㅣ耿弇이至ᄒᆞᆷ을聞ᄒᆞ고그將으로ᄒᆞ야곰歷下에軍ᄒᆞ고또兵을分ᄒᆞ야祝阿에屯ᄒᆞ고別히泰山鍾城에營數十을列ᄒᆞ야써待ᄒᆞ거ᄂᆞᆯ弇이河를渡ᄒᆞ야먼저祝阿를擊ᄒᆞ야拔ᄒᆞ다

時에張步ㅣ都劇이라弇이至臨淄城ᄒᆞ야出不意ᄒᆞ야半日에拔之ᄒᆞ고入據其城ᄒᆞ야以激怒步ᄒᆞ니步兵二十萬이至臨淄大城東ᄒᆞ야將攻弇이어ᄂᆞᆯ弇이大破之ᄒᆞ다

時에張步ㅣ劇에都ᄒᆞᆫ지라弇이臨淄城에至ᄒᆞ야不意에出ᄒᆞ야半日에拔ᄒᆞ고그城에入據ᄒᆞ야써步를激怒ᄒᆞ니步兵二十萬이臨淄大城東에至ᄒᆞ야장ᄎᆞᆺ弇을攻ᄒᆞ거ᄂᆞᆯ弇이크게破ᄒᆞ다

是時에帝ㅣ在魯ᄒᆞ야(今兗州曲阜縣古魯國也括地志故城今兗州許昌縣南四十里本魯之朝宿邑)聞弇이爲步所攻ᄒᆞ고
自往救之ᄒᆞᆯ서未至에陳俊이謂弇曰劇虜ㅣ兵盛ᄒᆞ니(時張步都劇故呼爲劇虜括地志菑州劇縣故城在靑州壽光南三十里)可且閉營休士ᄒᆞ야以須上來니라

是時에帝ㅣ魯에在ᄒᆞ야弇이步의攻ᄒᆞᆫ바됨을聞ᄒᆞ고스ᄉᆞ로往ᄒᆞ야救ᄒᆞᆯ시至치못ᄒᆞ야陳俊이弇다려謂ᄒᆞ야曰劇虜ㅣ兵이盛ᄒᆞ니可히ᄯᅩ營을閉ᄒᆞ고士를休ᄒᆞ야써上의來ᄒᆞᆷ을須ᄒᆞᆯ지니라

弇이曰乘輿ㅣ且到ᄒᆞ니臣子ㅣ當擊牛釃酒ᄒᆞ야以待百官이어늘反欲以賊虜로遺君父耶아乃出兵大戰ᄒᆞ야自旦至昏에復大破之ᄒᆞ니殺傷이無數ᄒᆞ고溝塹이皆滿이라弇이知步ㅣ困將退ᄒᆞ고豫置左右翼ᄒᆞ야爲伏以待之러니(旁引其騎若鳥翼之爲也)人定時에步ㅣ果引去어늘復起兵縱擊ᄒᆞ야追至鉅昧水上ᄒᆞ니(鉅昧水名一名巨洋按洋水在靑州樂安國)八九十里에僵尸ㅣ相屬이라取得輜重二千餘兩ᄒᆞ다

弇이曰乘輿ㅣᄯᅩ到ᄒᆞ니臣子맛당이牛를擊ᄒᆞ고酒를釃ᄒᆞ야써百官을待ᄒᆞᆯ것이어ᄂᆞᆯ도로혀賊虜로써君父에게遺코져ᄒᆞᄂᆞ냐이에兵을出ᄒᆞ고大戰ᄒᆞ야且로브터昏

에至홈이다시크게破ᄒᆞ니殺傷이無數ᄒᆞ고溝壑이다滿ᄒᆞᆫ지라弇이步가困ᄒᆞ야장ᄎᆞᆺ退ᄒᆞᆯ줄을知ᄒᆞ고미리左右翼을置ᄒᆞ야伏을ᄒᆞ야써待ᄒᆞ더니人定時에步ㅣ과연引去ᄒᆞ거ᄂᆞᆯ다시兵을起ᄒᆞ고縱擊ᄒᆞ야追ᄒᆞ야鉅昧水上에至ᄒᆞ니八九十里에僵尸가서로屬ᄒᆞᆫ지라輜重二千餘兩을收ᄒᆞ야得ᄒᆞ다

步ㅣ還劇後數日에車駕ㅣ至臨淄ᄒᆞ야自勞軍ᄒᆞᆯ서群臣이大會라帝謂弇曰昔에韓信이破歷下以開基러니今將軍이攻祝阿以發迹ᄒᆞ니此ᄂᆞᆫ皆齊之西界라功足相方이오而韓信은襲擊已降이어ᄂᆞᆯ將軍은獨拔勍敵ᄒᆞ니其功이又難於信也로다

步ㅣ劇에還ᄒᆞᆫ後數日에車駕ㅣ臨淄에至ᄒᆞ야스ᄉᆞ로軍을勞ᄒᆞᆯ시羣臣이크게會ᄒᆞᆫ지라帝ㅣ弇다려謂ᄒᆞ야日昔에韓信이歷下를破ᄒᆞ고써基를開ᄒᆞ더니今에將軍이祝阿를攻ᄒᆞ야써迹을發ᄒᆞ니此ᄂᆞᆫ다齊의西界라功이足히서로비ᄒᆞᆯ지오韓信은임의降ᄒᆞᆫ것을襲擊ᄒᆞ얏거ᄂᆞᆯ將軍은홀로勍敵을拔ᄒᆞ니그功이ᄯᅩ信보다難ᄒᆞ도다

又田橫이烹酈生이러니及田橫이降에高帝詔衛尉ᄒᆞ야不聽爲仇ᄒᆞ니張步ㅣ前殺伏隆이나若步ㅣ來歸命이면吾ㅣ當詔大司徒ᄒᆞ야釋其怨ᄒᆞ리니又事ㅣ尤相類也로다將軍이前在南陽에建此大策ᄒᆞ야常以

爲落落難合이라ᄒᆞ며니 落落猶疎濶也云言不相入也 有志者ㅣ事竟成也로다 出弇傳

또田橫이酈生을烹ᄒᆞ얏더니밋田橫이降홈의高帝ㅣ衛尉를詔ᄒᆞ야仇됨을聽치아니ᄒᆞ니張步ㅣ前에伏隆을殺ᄒᆞ얏스나만일步ㅣ來ᄒᆞ야命에歸ᄒᆞ면吾ㅣ當히大司徒에게詔ᄒᆞ야그怨을釋ᄒᆞ리니또事ㅣ더욱서로갓도다將軍이前에南陽에在홈의이大策을建ᄒᆞ야일즉이써ᄒᆞ되落々ᄒᆞ야合ᄒᆞ기難ᄒᆞ다ᄒᆞ더니志가有ᄒᆞᆫ者ㅣ事를맛참ᄂᆡ成ᄒᆞᄂᆞᆫ도다

帝ㅣ進幸劇ᄒᆞᆯ서耿弇이復追張步ᄒᆞ니步ㅣ犇平壽어ᄂᆞᆯ蘇茂ㅣ將萬餘人ᄒᆞ야來救之ᄒᆞᆫ되帝ㅣ遣使ᄒᆞ야告步茂ᄒᆞᆫ되能相斬降者ㅣ면封爲列侯ᄒᆞ리라니步ㅣ遂斬茂ᄒᆞ야詣弇軍門降이어ᄂᆞᆯ弇이入據其城ᄒᆞ니衆이尙十餘萬이오輜重이七千餘兩이라皆罷遣歸鄕里ᄒᆞ고封步爲安丘侯ᄒᆞ다 北海郡安丘縣屬靑州

帝ㅣ進ᄒᆞ야劇에幸ᄒᆞᆯ식耿弇이다시張步를追ᄒᆞ니步ㅣ平壽로犇ᄒᆞ거ᄂᆞᆯ蘇茂ㅣ萬餘人을將ᄒᆞ야來救ᄒᆞᆫ되帝ㅣ使를遣ᄒᆞ야步와茂에게告호ᄃᆡ能히서로斬ᄒᆞ야降ᄒᆞᄂᆞᆫ者ㅣ면封ᄒᆞ야列侯를솜으리라ᄒᆞ니步ㅣ드대여茂를斬ᄒᆞ야弇의軍門에詣ᄒᆞ야降ᄒᆞ거ᄂᆞᆯ弇이入ᄒᆞ야그城에據ᄒᆞ니衆이오히려十餘萬이오輜重이七千餘兩이라

다罷ᄒᆞ야鄕里로遣歸ᄒᆞ고步를封ᄒᆞ야安丘侯를삼다

弇이復引兵至城陽ᄒᆞ야(地理志濟陰郡南有泰山城陽括地志本濮州雷澤縣是) 降五校餘黨ᄒᆞ니 齊地ㅣ悉平ᄒᆞᆫ이어ᄂᆞᆯ 振旅還京師ᄒᆞ니 弇이爲將에凡所平郡이四十六이오屠城이三百이로ᄃᆡ 未嘗挫折焉이러라(出弇傳)

弇이다시兵을引ᄒᆞ고城陽에至ᄒᆞ야五校餘黨을降ᄒᆞ니齊地가다ㅣ平ᄒᆞ거ᄂᆞᆯ旅를振ᄒᆞ고京師에還ᄒᆞ다弇이將이됨의凡平ᄒᆞᆫ바郡이四十六이오城을屠홈이三百이로ᄃᆡ일즉挫折치아니ᄒᆞ더라

初起太學ᄒᆞ고車駕ㅣ還宮幸太學ᄒᆞ야稽式古典ᄒᆞ고修明禮樂ᄒᆞ니煥然文物을可觀矣러라(出儒林傳)

初에太學을起ᄒᆞ고車駕ㅣ宮에還ᄒᆞ야太學에幸ᄒᆞ야古典을稽式ᄒᆞ고禮樂을修明ᄒᆞ니煥然文物을可히觀ᄒᆞ겟더라

馮異ㅣ治關中ᄒᆞ야出入三歲에上林이成都ㅣ라人有上章言異ᄒᆞᄃᆡ異ㅣ威權이至重ᄒᆞ니百姓이歸心ᄒᆞ야號爲咸陽王이라ᄒᆞ야ᄂᆞᆯ帝ㅣ以章示異ᄒᆞᄃᆡ異ㅣ惶懼ᄒᆞ야上書陳謝ᄒᆞ여ᄂᆞᆯ詔報曰將軍之於國家에義爲君臣

(一丸泥) 意欲塞函關之路以絶東兵也

이오 **恩猶父子**ᄒᆞ니 **何嫌何疑**완ᄃᆡ **而有懼意**리오 出異傳

馮異ㅣ關中을治ᄒᆞ야出入ᄒᆞᆫ지三歲에上林이都를成ᄒᆞᆫ지라人이上章ᄒᆞ야言홈이
有호ᄃᆡ異ㅣ威權이至重ᄒᆞ니百姓이心을歸ᄒᆞ야號ᄒᆞ야咸陽王이라ᄒᆞᆫ다ᄒᆞ야ᄂᆞᆯ帝
ㅣ章으로써異를示ᄒᆞᆫ대異ㅣ惶懼ᄒᆞ야書를上ᄒᆞ야謝를陳ᄒᆞ거ᄂᆞᆯ詔ᄒᆞ야報ᄒᆞ야曰
將軍이國家에義ᄂᆞᆫ君臣이되고恩은父子와갓ᄒᆞ니何를嫌ᄒᆞ며何를疑ᄒᆞ관대懼ᄒᆞ
ᄂᆞᆫ意가有ᄒᆞ리오

隗囂ㅣ **矜己飾智**ᄒᆞ야 **每自比西伯**이라니 **其將王元**이 **說囂曰天水**ㅣ
完富ᄒᆞ고 **士馬**ㅣ **最强**ᄒᆞ니 **元**이 **請以一丸泥**로 **爲大王**ᄒᆞ야 **東封函谷**
關ᄒᆞ리니 **圖王不成**이라도 **其弊**ㅣ **猶足以霸**라 **要之**컨ᄃᆡ **魚不可脫於淵**
이니 **神龍**이 **失勢**면 **與蚯蚓**으로 **同**이니이다 **囂**ㅣ **心然元計**ᄒᆞ야 **雖遣子入侍**나
然이나 **負其險阨**ᄒᆞ야 **欲專制方面**이러라 出囂傳

隗囂ㅣ己를矜ᄒᆞ고智를飾ᄒᆞ야미양스스로西伯에게比ᄒᆞᄂᆞᆫ지라그將王元이囂를
說ᄒᆞ야曰天水ㅣ完富ᄒᆞ고士馬가最히强ᄒᆞ니元이請컨ᄃᆡ一丸泥로써大王을爲ᄒᆞ
야東으로函谷關에封ᄒᆞ리니王을圖ᄒᆞ야成치못ᄒᆞ드라도그弊ㅣ오히려足히써霸
ᄒᆞᆯ지라要컨ᄃᆡ魚가可히淵에셔脫치못ᄒᆞ리니神龍이勢를失ᄒᆞ면蚯蚓으로더부러

（嚴光）本姓莊避明帝諱改姓嚴光一名尊

同ᄒᆞ니이다囂ㅣ心에元의計를그러히여겨비록子를遣ᄒᆞ야入ᄒᆞ야侍ᄒᆞ나然이나그險阨을負ᄒᆞ야方面을專制코져ᄒᆞ더라

是歲에詔徵處士太原周黨과會稽嚴光等ᄒᆞ야至京師ᄒᆞ니黨이入見에伏而不謁ᄒᆞ고自陳願守所志어ᄂᆞᆯ博士范升이奏曰伏見太原周黨과東海王良과山陽王成等이蒙受厚恩ᄒᆞ야使者ㅣ三聘에乃肯就車ᄒᆞ고及陛見帝庭에黨이不以禮屈ᄒᆞ고伏而不謁ᄒᆞ니偃蹇驕悍ᄒᆞ야同時俱逝ᄒᆞ니黨等이文不能演義ᄒᆞ고武不能死君ᄒᆞ고(言其武勇不能爲君盡死節)釣采華名ᄒᆞ야庶幾三公之位ᄒᆞ니臣은願與(與讀作預)坐雲臺(雲臺在南宮明帝永平三年圖建武中名臣列將於其中)之下ᄒᆞ야考試圖國之道ᄒᆞ야不如臣言이어든伏虛妄之罪ᄒᆞ면而敢私竊虛名ᄒᆞ야誇上求高릿고皆大不敬이니이다

이히에詔ᄒᆞ야處士太原周黨과會稽嚴光等을徵ᄒᆞ야京師에至ᄒᆞ니黨이入ᄒᆞ야見ᄒᆞᆷ의伏ᄒᆞ고謁치아니ᄒᆞ고스ᄉᆞ로陳ᄒᆞ야志ᄒᆞᆫ바를守ᄒᆞ기願ᄒᆞ거ᄂᆞᆯ博士范升이奏ᄒᆞ야曰伏ᄒᆞ야見ᄒᆞ니太原周黨과東海王良과山陽王成等이厚恩을蒙受ᄒᆞ야使者三聘에이에肯ᄒᆞ야車에就ᄒᆞ고밋帝庭에陛見ᄒᆞᆷ의黨이禮로써屈치안코伏ᄒᆞ야謁

치안니ᄒᆞ며偃蹇ᄒᆞ고驕悍ᄒᆞ야同時에俱히逝ᄒᆞ니黨等이文이能히義를演치못ᄒᆞ고武가能히君에死치못ᄒᆞ고華名을釣采ᄒᆞ야三公의位에庶幾ᄒᆞ니臣은원컨ᄃᆡ더부러雲臺의下에坐ᄒᆞ야圖國의道를考試ᄒᆞ야臣言과如치안커든虛忘의罪에伏ᄒᆞ여敢히私로虛名을竊ᄒᆞ야上을誇ᄒᆞ며高를求ᄒᆞ리잇고크게欺치아님이니다

書奏에詔曰自古로明王聖主ㅣ必有不賓之士ᄒᆞ니伯夷叔齊ᄂᆞᆫ不食周粟ᄒᆞ고太原周黨은不受朕祿ᄒᆞ니亦各有志焉이라其賜帛四十匹ᄒᆞ야罷之ᄒᆞ라

書를奏ᄒᆞᆷ의詔ᄒᆞ야曰古로브터明王聖主ㅣ반다시不賓의士가有ᄒᆞ니伯夷叔齊ᄂᆞᆫ周粟을食치안코太原周黨은朕祿을受치아니ᄒᆞ니ᄯᅩᄒᆞᆫ각〻志가有ᄒᆞᆫ지라그帛四十匹을賜ᄒᆞ야罷ᄒᆞ라

帝ㅣ少與嚴光으로同遊學이러니及卽位에以物色으로訪之ᄒᆞ야 書象其人物顔色以訪求之 得於齊國ᄒᆞ야累徵乃至어ᄂᆞᆯ拜諫議大夫ᄒᆞᆫᄃᆡ不肯受ᄒᆞ고去ᄒᆞ야耕釣富春山中ᄒᆞ야 新安志云漢富春縣西有富春山後改富陽按嚴光傳耕富春山圖經不載此山但云今名嚴陵山者是所耕處嚴光富陽人耕於富春山則嚴陵山是無疑矣 以壽로終於家ᄒᆞ니라

帝ㅣ少에嚴光으로더브러同히遊學ᄒᆞ더니밋位에即ᄒᆞᆷ의物色으로써訪ᄒᆞ야齊國에서得ᄒᆞ야累히徵ᄒᆞ야이에至ᄒᆞ거ᄂᆞᆯ諫議大夫를拜ᄒᆞᆫᄃᆡ肯ᄒᆞ야受치안코去ᄒᆞ야富春山中에耕釣ᄒᆞ야壽로써家에終ᄒᆞ니라

王良이後에歷沛郡太守와大司徒司直ᄒᆞᆯ시在位恭儉ᄒᆞ야 布被瓦器ᄒᆞ고妻子를不入官舍러라後에以病歸러니一歲에 復徵이어ᄂᆞᆯ 至滎陽ᄒᆞ야疾篤不任進道ᄒᆞ고(任堪也不堪登途也) 過其友人ᄒᆞᆫ대友人이不肯見曰不有忠言奇謀ᄒᆞ고而取大位ᄒᆞ야 何其往來를屑屑不憚煩也오遂拒之ᄒᆞᆫ대良이慙ᄒᆞ야自後로連徵不應ᄒᆞ고卒於家ᄒᆞ다

王良이後에沛郡太守와司徒司直을歷ᄒᆞᆯ시位에在ᄒᆞ야恭ᄒᆞ고儉ᄒᆞ야布被와瓦器를ᄒᆞ고妻子를官舍에入치안터라後에病으로써歸ᄒᆞ얏더니一歲에다시徵ᄒᆞ거ᄂᆞᆯ滎陽에至ᄒᆞ야疾이篤ᄒᆞ야進道ᄒᆞ기任치못ᄒᆞ고그友人에게過ᄒᆞᆫ대友人이肯ᄒᆞ야見치안니ᄒᆞ야曰忠言과奇謀ㅣ잇지못ᄒᆞ고大位를取ᄒᆞ야엇지그往來를屑々히ᄒᆞ야憚煩치아니ᄒᆞᄂᆞ고ᄃᆞ대여拒ᄒᆞᆫ대良이慙ᄒᆞ야後로브터連徵ᄒᆞᆫ대應치안코家에서卒ᄒᆞ다

本傳에曰光의字ᄂᆞᆫ子陵이니 少與光武로 同遊學이러니 及光武ㅣ即

(玄纁)淺絳色也玄纁天地之正色幣帛之色

位에光이乃變姓名ᄒᆞ고隱身不見이어늘帝ㅣ思其賢ᄒᆞ야乃令以物色으로訪之러니後에齊國이上言호대有一男子ㅣ被羊裘釣澤中이라ᄒᆞ야늘帝ㅣ疑其光ᄒᆞ야乃備安車玄纁ᄒᆞ야遣使聘之ᄒᆞ니三反而後에至ᄒᆞ어늘車駕ㅣ卽日에幸其館ᄒᆞ니光이臥不起어늘帝卽其臥所ᄒᆞ야撫光腹曰咄咄子陵아不可相助爲理耶아光이乃張目熟視曰昔에唐堯ㅣ著德에巢父ㅣ洗耳ᄒᆞ니士故有志라何至相迫乎아

本傳에曰光의字ᄂᆞᆫ子陵이니少에光武로더브러同히遊學ᄒᆞ더니밋光武ㅣ位에卽ᄒᆞᆷ의光이이에姓名을變ᄒᆞ고身을隱ᄒᆞ고見치안거ᄂᆞᆯ帝ㅣ그賢ᄒᆞᆷ을思ᄒᆞ야이에하야곰物色으로ᄡᅥ訪ᄒᆞ더니後에齊國에셔言을上호대一男子ㅣ有ᄒᆞ야羊裘를被ᄒᆞ고澤中에釣ᄒᆞᆫ다ᄒᆞ야ᄂᆞᆯ帝ㅣ그光임을疑ᄒᆞ야이에安車와玄纁을備ᄒᆞ야使를遣ᄒᆞ야聘ᄒᆞ니三反ᄒᆞᆫ後에至ᄒᆞ거ᄂᆞᆯ車駕ㅣ卽日에그館에幸ᄒᆞ니光이臥ᄒᆞ야起치안거ᄂᆞᆯ帝ㅣ그臥ᄒᆞᆫ所에卽ᄒᆞ야光의腹을撫ᄒᆞ야曰咄咄子陵아可히서로助ᄒᆞ야理ᄒᆞ지못ᄒᆞᆯ랴光이이에目을張ᄒᆞ고熟히視ᄒᆞ야曰昔에唐堯ㅣ德을著ᄒᆞᆷ의巢父ㅣ耳를洗ᄒᆞ얏ᄉᆞ니士ㅣ짐짓志가有ᄒᆞᆫ지라엇지서로迫ᄒᆞᆷ의至ᄒᆞ리오

帝ㅣ曰子陵아 我竟不能下汝耶아 於是에 升輿歎息而去ᄒᆞ니라 復引光入ᄒᆞ야 論道舊故ᄒᆞ야 相對累日ᄒᆞ고 因共偃臥ᄒᆞᆯ셔 光이 以足으로 加帝腹上이러니 明日에 太史ㅣ奏ᄒᆞ되 客星이 犯御座ㅣ甚急이러이다 帝ㅣ笑曰朕이 故人嚴子陵으로 共臥爾로라 除爲諫議大夫ᄒᆞ되 不屈ᄒᆞ고 乃耕於富春山ᄒᆞ니 後人이 名其釣處ᄒᆞ야 爲嚴陵瀨焉이러라

帝ㅣ曰子陵아我ㅣ竟히能히汝를下치못ᄒᆞᆯ가이에輿를升ᄒᆞ고歎息ᄒᆞ고去ᄒᆞ더니다시光을引入ᄒᆞ야舊故을論道ᄒᆞ야서로對ᄒᆞ기를여러날ᄒᆞ고因ᄒᆞ야共히偃臥ᄒᆞᆯ셔光이足으로써帝의腹上에加ᄒᆞ얏더니明日에太史ㅣ奏ᄒᆞ되客星이御座에犯ᄒᆞᆷ이심히急ᄒᆞ더이다帝ㅣ笑ᄒᆞ야曰朕이故人嚴子陵으로共히臥ᄒᆞ얏셧노라除ᄒᆞ야諫議大夫를삼은ᄃᆡ屈치아니ᄒᆞ고이에富春山에耕ᄒᆞ니後人이그釣ᄒᆞ든處를名ᄒᆞ야嚴陵瀨이라ᄒᆞ니라

(盧)瀨盖切水流沙上也

(積)久也

(騰書隴蜀)隴隗囂蜀公孫述自書曰君非吾賊臣亂子倉卒時人皆欲爲君事耳天下神器不可以力爭宜三思署曰公孫皇帝

東漢紀

世祖光武皇帝下

(庚寅)六年이라 吳漢等이 拔朐ᄒᆞ야(其于反 東海邑) 斬董憲龐萌ᄒᆞ니 江淮山東이 悉平ᄒᆞ다

六年이라 吳漢이 朐를 拔ᄒᆞ야 董憲과 龐萌을 斬ᄒᆞ니 江淮와 山東이 다 平ᄒᆞ다

帝ㅣ積苦兵間이라 以隗囂ㅣ遣子內侍ᄒᆞ고 公孫述이 遠據邊陲라ᄒᆞ야 乃謂諸將曰 且當置此兩子於度外耳라ᄒᆞ고 因休諸將於洛陽ᄒᆞ고 分軍士於河內ᄒᆞ고(本傳無此二句) 數(入聲)騰書隴蜀ᄒᆞ야(騰傳也) 告示禍福ᄒᆞ다(出囂傳)

帝ㅣ兵間에 苦를 積ᄒᆞᆫ지라 써 隗囂ㅣ子를 遣ᄒᆞ야 內侍ᄒᆞ고 公孫述이 遠히 邊陲에 據ᄒᆞ얏다ᄒᆞ야 이에 諸將다려 謂ᄒᆞ야 曰 또 맛당이 이 兩子를 度外에 置ᄒᆞ리라ᄒᆞ고 因ᄒᆞ야 諸將을 洛陽에 休ᄒᆞ고 軍士를 河內에 分ᄒᆞ고 자조 書를 隴蜀에 전ᄒᆞ야 禍와 福을 告ᄒᆞ야 示ᄒᆞ다

馮異ㅣ自長安으로 入朝어ᄂᆞᆯ 帝謂公卿曰 是ᄂᆞᆫ 我起兵時主簿也

마爲吾ᄒᆞ야披荊棘(披開也荊棘榛蕪也)定關中이라ᄒᆞ고既罷에賜珍寶錢帛ᄒᆞ고詔曰倉卒에(倉卒忽遽貌)蕪蔞亭豆粥과滹沱河麥飯厚意를久不報ᄒᆞ라 異稽首謝曰臣은聞管仲이謂齊桓公曰願君은無忘射(食亦反)鉤ᄒᆞ소서臣無忘檻車라ᄒᆞ야ᄂᆞᆫ(檻車載囚之車也車上著四板周如檻形載囚其中)齊國이賴之ᄒᆞ니라 臣亦願國家ᄂᆞᆫ無忘河北之難ᄒᆞ소서 小臣은不敢忘巾車之恩ᄒᆞ리이다(異在巾車鄉爲漢兵所獲光武釋而用之) 留十餘日에令其妻子로還西ᄒᆞ다(出異傳)

春秋齊襄公醉殺魯桓公通其夫人又數欺大臣群弟恐及禍故次弟糾奔魯管仲傅之次弟小白奔莒鮑叔傅之後襄公被弑齊人召小白於莒魯亦送子糾而使管仲將兵遮莒道射中小白帶鉤小白佯死得先入齊立之是爲桓公魯人患之遂殺子糾囚管仲及齊境鮑叔脫其桎梏以見桓公管仲既任政九合諸侯一匡天下

馮異ㅣ長安으로브터朝에入ᄒᆞ거ᄂᆞᆯ帝ㅣ公卿다려謂ᄒᆞ야曰是ᄂᆞᆫ我ㅣ兵을起ᄒᆞᆯ時에主簿라吾를爲ᄒᆞ야荊棘을披ᄒᆞ고關中을定ᄒᆞ얏다ᄒᆞ고임의罷ᄒᆞᆷ의珍寶와錢帛를賜ᄒᆞ고詔ᄒᆞ야曰倉卒에蕪蔞亭豆粥과滹沱河麥飯의厚意를久히報치못ᄒᆞ얏노라異ㅣ首를稽ᄒᆞ고謝ᄒᆞ야曰臣은드르니管仲이齊桓公다려일너曰원컨ᄃᆡ君은射鉤를忘치마르소서臣은檻車를忘치안ᄂᆞᆫ다ᄒᆞ야ᄂᆞᆯ齊國이賴ᄒᆞ얏다ᄒᆞ니臣도亦원컨ᄃᆡ國家ᄂᆞᆫ河北의難을忘치마르소서小臣은감히巾車의恩을忘치아니ᄒᆞ리이다十餘日을留ᄒᆞᆷ이그妻子로ᄒᆞ야곰西還ᄒᆞ다

（各部）實所謂所部郡縣各考覈其實

隗囂ㅣ發兵反ᄒᆞ다

隗囂ㅣ兵을發ᄒᆞ야反ᄒᆞ다

六月에詔曰夫張官置吏ᄂᆞᆫ所以爲民也ㅣ라今百姓이遭難ᄒᆞ야戶口ㅣ耗少호ᄃᆡ而縣官吏職이所置ㅣ尙繁ᄒᆞ니其令司隷州牧으로各實所部ᄒᆞ야省減吏員ᄒᆞ고縣國에不足置長吏者를幷之ᄒᆞ라於是에幷省四百餘縣ᄒᆞ니吏職이減損ᄒᆞ야置十其一이러라 出本紀

六月에詔ᄒᆞ야曰무릇官을張ᄒᆞ고吏를置홈은ᄡᅥ民을爲ᄒᆞᄂᆞᆫ바ㅣ라今에百姓이難을遭ᄒᆞ야戶口ㅣ耗少호대縣官吏職이置ᄒᆞᆫ바ㅣ尙히繁ᄒᆞ니그司隷州牧으로ᄒᆞ야곰각〻所部를實ᄒᆞ야吏員을省減ᄒᆞ고縣國에長吏를置ᄒᆞ기不足ᄒᆞᆫ者를幷ᄒᆞ라이에四百餘縣을並省ᄒᆞ니吏職이減損ᄒᆞ야十에그一을置ᄒᆞ얏더라

執金吾朱浮ㅣ上疏曰昔에堯舜之盛에猶加三考ᄒᆞ고 書舜典三考黜陟幽明 傳曰考核實也三考九載也九載則人之賢否事之得失可見於是陟其明而黜其幽 大漢之興도亦累功效ᄒᆞ니吏皆積久ᄒᆞ야至長子孫ᄒᆞ니러 按文帝時吏居官者或長子孫註云時無事吏不數遷甚至於子孫長大而不轉職任 間者에守宰ㅣ數換易ᄒᆞ야迎

新相代에疲勞道路ᄒᆞ고尋其視事ㅣ日淺에未足昭見其職ᄒᆞ고旣加嚴切ᄒᆞ니人不自保ㅣ라願陛下ᄂᆞᆫ遊意於經年之外ᄒᆞ고望治於一世之後ㅣ면天下ㅣ幸甚이니이다帝ㅣ采其言ᄒᆞ야自是로牧守易代ㅣ頗簡ᄒᆞ니라 (出浮傳)

(一世之後) 孔子曰如有王者必世而後仁

執金吾朱浮ㅣ疏ᄅᆞᆯ上ᄒᆞ야曰昔에堯舜의盛ᄒᆞᆷ에도오히려三考ᄅᆞᆯ加ᄒᆞ고大漢의興도ᄯᅩ功效가累ᄒᆞ니吏가다積久ᄒᆞ야子孫을長ᄒᆞᆷ의至ᄒᆞ더니間者에守宰ㅣ자조換易ᄒᆞ야迎新을ᄒᆞ야서로代ᄒᆞᆷ의道路에疲勞ᄒᆞ고視事ᄅᆞᆯ尋ᄒᆞᆷ이日이淺ᄒᆞᆷ의足히그職을昭히見ᄒᆞᆯ슈가업고임이嚴切로加ᄒᆞ니人이ᄉᆞᄉᆞ로保ᄒᆞᆯ수업ᄂᆞᆫ지라願컨ᄃᆡ陛下ᄂᆞᆫ意ᄅᆞᆯ經年의外에遊ᄒᆞ고治ᄅᆞᆯ一世의後에望ᄒᆞ면天下ㅣ幸甚이니이다帝ㅣ그言을采ᄒᆞ야이로브터牧守易代ᄒᆞᆷ이頗히簡ᄒᆞ니라

十二月에詔曰頃者에師旅ㅣ未解ᄒᆞ야用度ㅣ不足故로行什一之稅ㅣ러니今糧儲ㅣ稍積ᄒᆞ니 (儲亦糧也) 其令郡國으로收見田租ᄒᆞᄃᆡ三十稅一을如舊制ᄒᆞ라 (本出紀)

(如舊制) 景帝元年令田祖三十而稅一

今依景帝
故云舊制

(行在)車
駕所行之
次曰行在

十二月에詔ᄒᆞ야曰頃者에師旅ㅣ解치못ᄒᆞ야用度ㅣ不足ᄒᆞᆫ고로什一의稅를行ᄒᆞ
얏더니今에糧儲ㅣ稍히積ᄒᆞ니그郡國으로ᄒᆞ야곰田租를收見호대三十에一로稅
ᄒᆞᆷ을舊制와如히ᄒᆞ라

先是에馬援이聞隗囂ㅣ欲貳於漢ᄒᆞ고數以書로責譬之ᄒᆞᆫ대囂ㅣ得
書增怒ᄒᆞ더니及囂ㅣ發兵反에援이乃上書願聽ᄒᆞ고詣行在所ᄒᆞ야極
陳滅囂之術ᄒᆞᆫ대帝ㅣ乃召之ᄒᆞ야具言謀畫ᄒᆞ다 出援傳

先是에馬援이隗囂ㅣ漢에貳코져ᄒᆞᆷ을듯고자조書로써責ᄒᆞ야譬ᄒᆞᆫ디囂ㅣ書를得
ᄒᆞ고怒를增ᄒᆞ더니囂ㅣ兵을發ᄒᆞ야反ᄒᆞᆷ의援이이에書를上ᄒᆞ야聽키를願ᄒᆞ고行
在所에詣ᄒᆞ야極히囂를滅ᄒᆞᆯ術을陳ᄒᆞ니帝ㅣ이에召ᄒᆞ야具히謀畫을言ᄒᆞ다

(辛卯)七年이라三月晦에日有食之어늘詔百僚ᄒᆞ야各上封事호대其
上書者ㅣ不得言聖ᄒᆞ라 出本紀

七年이라三月晦에日이食ᄒᆞ거늘百僚에詔ᄒᆞ야각々封事를上호대그上書ᄒᆞᄂᆞᆫ者
ㅣ시러곰聖을言치말나

太中大夫鄭興이上疏曰頃年日食이每多在晦ᄒᆞ야先時而合

은 先去聲不俟朔月而會合 皆月行이疾也ㅣ라 日은君象이오月은臣象이니 君亢急

亢高極也謂君之行過於嚴急 則臣促迫故로 月行이疾ᄒᆞ나니 今陛下ㅣ高明而群臣이

惶促ᄒᆞ니 宜留思柔克之政ᄒᆞ고 垂意洪範之法이니이다 書洪範六三德高明柔克蔡傳曰高明者高亢

明爽過乎中也克治也高明柔克宜以柔治剛也 帝ㅣ躬勤政事ᄒᆞ야 頗傷嚴急故로 興이奏ㅣ及

之ᄒᆞ다 出本傳無末三句

太中大夫鄭興이疏를上ᄒᆞ야曰頃年日食이미양晦에在ᄒᆞᆷ이多ᄒᆞ야時를先ᄒᆞ야合ᄒᆞᆷ은다月行이疾ᄒᆞᆷ이라日은君象이오月은臣象이니君이亢急ᄒᆞᆫ즉臣이促迫ᄒᆞᆫ고로月行이疾ᄒᆞᄂᆞ니今陛下高明ᄒᆞ시고羣臣이惶促ᄒᆞ니맛당이思를柔克의政에留ᄒᆞ고意를洪範의法에垂ᄒᆞᆯ지니이다帝ㅣ몸소政事를勤ᄒᆞ야頗히嚴急에傷ᄒᆞᆫ고로興이奏ㅣ及ᄒᆞ다

大司農江馮이上言ᄒᆞ대 宜令司隷校尉로 督察三公ᄒᆞ야지이다 司空

掾陳元이上疏曰臣은聞師臣者ᄂᆞᆫ帝ᄒᆞ고賓臣者ᄂᆞᆫ霸ㅣ라 故로武王

이以太公爲師ᄒᆞ고齊桓이以夷吾로爲仲父ᄒᆞ고近則高帝ㅣ優相

國之禮ᄒᆞ고 太宗이 假宰輔之權ᄒᆞ니 陛下ㅣ宜脩文武之聖典ᄒᆞ고
襲祖宗之遺德ᄒᆞ야 勞心下士ᄒᆞ고 屈節待賢이오 誠不可使有司로
察公輔之罪니이다 帝從之ᄒᆞ다

大司農江馮이言을上ᄒᆞᆫ대宜히司隷校尉로ᄒᆞ야곰三公을督察ᄒᆞ야지이다司空掾陳元이疏를上ᄒᆞ야曰臣은聞ᄒᆞ니臣을師ᄒᆞᄂᆞᆫ者ᄂᆞᆫ帝ᄒᆞ고臣을賓ᄒᆞᄂᆞᆫ者ᄂᆞᆫ霸라고로武王이太公으로써師를ᄒᆞ고齊桓이夷吾로써仲父를삼고近ᄒᆞᆫ則高帝ㅣ相國의禮를優ᄒᆞ고太宗이宰輔의權을假ᄒᆞ니陛下ㅣ宜히文武의聖典를修ᄒᆞ고祖宗의遺德을襲ᄒᆞ야心을勞ᄒᆞ고士를下ᄒᆞ고節을屈ᄒᆞ야賢을待ᄒᆞᆯ지오진실로可히有司로ᄒᆞ야곰公輔의罪를察치아니ᄒᆞᆯ것이니다帝ㅣ從ᄒᆞ다

帝ㅣ好圖讖이라 與鄭興으로 議郊祀事ᄒᆞᆯ시 帝ㅣ曰吾ㅣ欲以讖으로 斷之
ᄒᆞ노니 何如오 對曰臣은 不爲讖이니이다 帝ㅣ怒曰卿이 不爲讖은 非之耶
아 興이 惶恐曰臣이 於書에 有所未學이오 而無所非也ㅣ니이다 帝意ㅣ
乃解ᄒᆞ다 (出鄭興傳)

帝가圖讖을好ᄒᆞᄂᆞᆫ지라鄭興으로더브러郊祀事를議ᄒᆞᆯ시帝ㅣ曰吾ㅣ讖으로써斷

코져ᄒᆞ노니엇더ᄒᆞ고對ᄒᆞ야曰臣은讖을爲치안니이다帝ㅣ怒ᄒᆞ야曰卿이讖을爲치아니ᄒᆞᆷ은非히여김인가興이惶恐ᄒᆞ야曰臣이書에學치못ᄒᆞᆫ바이잇고非ᄒᆞᆫ바ᄂᆞᆫ無ᄒᆞ오이다帝ㅣ意가이에解ᄒᆞ다

南陽太守杜詩ㅣ政治清平ᄒᆞ니百姓ㅣ便之ᄒᆞ고又脩治陂池ᄒᆞ야廣拓土田ᄒᆞ니郡內ㅣ比室殷足ᄒᆞ야時人이以方召信臣ᄒᆞ니(召信臣字翁卿元帝時人)南陽이爲之語曰前有召父러니後有杜母ㅣ라ᄒᆞ더라(出詩傳)

方 (以方)比也

南陽太守杜詩ㅣ政을治ᄒᆞᆷ이清ᄒᆞ고平ᄒᆞ니百姓이便ᄒᆞ고또陂池를脩治ᄒᆞ야土田을廣拓ᄒᆞ니郡內ㅣ室을比ᄒᆞ야殷ᄒᆞ고足ᄒᆞ야時人이써召信臣에게비ᄒᆞ니南陽이爲ᄒᆞ야語ᄒᆞ야曰前에召父가有ᄒᆞ더니後이杜母가有ᄒᆞ다ᄒᆞ더라

(壬辰)八年이라夏에帝ㅣ自將征囂ᄒᆞᆯ서光祿勳郭憲이諫曰東方이初定에車駕ㅣ未可遠征이니이다乃當車拔佩刀ᄒᆞ야以斷車靷ᄒᆞᆫ대(靷車靶在胷曰)帝ㅣ不從ᄒᆞ고西至漆ᄒᆞ니(括地志漆水源出岐州普閏縣東南岐漆山漆溪東入渭今幽州新平縣古漆縣也)諸將이多以王師之重으로不宜入遠險阻ㅣ라ᄒᆞ야猶豫未決이러니帝ㅣ召馬援問之ᄒᆞᆫ대

援이因說호되隗囂將帥ㅣ有土崩之勢호고兵進에有必破之狀이라호고
又於帝前에聚米爲山谷호야指畫形勢호야開示衆軍의所從道
徑호야往來을分析호야昭然可曉호되帝ㅣ曰虜ㅣ在吾目中矣라호고遂
進軍호다 出馬援傳

八年이라夏에帝ㅣ自將호고囂를征홀시光祿勳郭憲이諫호야曰東方이初로定홈
의車駕ㅣ可히遠히征홀슈업나니이다이에車에當호야佩刀를拔호야써車靷을斷호
대帝ㅣ從치아니호고西으로漆에至호니諸將이마니王師의重으로써遠히險阻에
入홈이宜치안타호야猶豫호야決치못호더니帝ㅣ馬援를召호야問호대援이因호
야說호되隗囂將帥ㅣ土崩의勢가有호고兵進에必破의狀이有호다호고또帝前에
셔米를聚호야山谷을호야形勢를指畫호야衆軍에從홀바道徑을開示호야往來를
分析호야昭然히可히曉케호대帝ㅣ曰虜가吾目中에在호다호고드대여軍을進
호다

數道上隴홀셔使王遵으로以書招牛邯下之호고拜邯太中大夫호대
於是에囂의大將十三人과屬縣十六과衆十餘萬이皆降호니囂ㅣ

將妻子ᄒᆞ고 奔西城이어ᄂᆞᆯ 出囂傳○西城西邑名屬隴西郡有嶓冢山漢水所出 詔告隗囂曰若束手自

詣면 父子ㅣ 相見이오 保無他也니라 囂ㅣ 終不降ᄒᆞ다

道를數ᄒᆞ야隴을上ᄒᆞᆯ시王遵으로ᄒᆞ야곰書로써牛邯을招ᄒᆞ야下ᄒᆞ고邯을太中大

夫를拜ᄒᆞ니이에囂의大將十三人과屬縣十六과衆十餘萬이다降ᄒᆞ니囂妻子를將

ᄒᆞ고西城으로奔ᄒᆞ거ᄂᆞᆯ隗囂에게詔ᄒᆞ야告ᄒᆞ야曰만일手를束ᄒᆞ고스ᄉᆞ로詣ᄒᆞ면

父子ㅣ서로見ᄒᆞ고保ᄒᆞ야他가無ᄒᆞᆯ지니라囂ㅣ맛침ᄂᆡ降치안다

潁川盜賊이 羣起ᄒᆞ야 寇沒屬縣ᄒᆞ고 河東守兵이 亦叛ᄒᆞ야 京師ㅣ騷

動이어ᄂᆞᆯ 本紀出 帝ㅣ 聞之曰吾ㅣ 悔不用郭子橫之言이로다 先是郭憲嘗諫曰東方初定車駕未可遠征

秋八月에 帝ㅣ 自上邽로 晨夜東馳ᄒᆞᆯ서 地理志隴西郡上邽縣邽音圭 賜岑彭等書曰

兩城이 若下면 便可將兵ᄒᆞ야 南擊蜀虜ᄒᆞ리니 人苦不知足이로다 既平

隴에 復望蜀이오녀 每一發兵에 頭須ㅣ 爲白이로다

潁川盜賊이群起ᄒᆞ야屬縣을寇沒ᄒᆞ고河東守兵이ᄯᅩ叛ᄒᆞ야京師ㅣ騷動ᄒᆞ거ᄂᆞᆯ帝

ㅣ聞ᄒᆞ고曰吾ㅣ郭子橫의言을用치못ᄒᆞᆷ을悔ᄒᆞ노라秋八月에帝ㅣ上邽로브터晨

夜로東馳ᄒᆞᆯ시岑彭等에게書를賜ᄒᆞ야曰兩城이만일下ᄒᆞ면곧득가히兵을將ᄒᆞ야

南으로蜀虜를擊ᄒᆞ리니人이苦히足ᄒᆞᆷ을知치못ᄒᆞᄂᆞᆫ도다임의隴을平ᄒᆞᆷ이다시蜀
을望ᄒᆞ고녀미양한번兵을發ᄒᆞᆷ의頭ㅣ모롬즉이白ᄒᆞ얏노라

九月에車駕ㅣ還宮ᄒᆞ야帝ㅣ謂執金吾寇恂曰潁川이迫近京師ᄒᆞ니當以時定이라惟念獨卿이能平之耳니從九卿復出ᄒᆞ야以憂國이可也니라 按七制註云時寇恂爲執金吾雖非九卿亦陪卿也可也猶言可乎

九月에車駕ㅣ宮에還ᄒᆞ야帝ㅣ執金吾寇恂다려謂ᄒᆞ야曰潁川이京師에迫近ᄒᆞ니
맛당이時로써定ᄒᆞᆯ지라오쟉念컨ᄃᆡ홀로卿이能히平ᄒᆞᆯ지니九卿으로從ᄒᆞ야다시
出ᄒᆞ야써國을憂ᄒᆞᆷ이可ᄒᆞ니라

對曰潁川이聞陛下ㅣ有事隴蜀故로狂狡ㅣ乘間ᄒᆞ야相詿誤耳니如聞乘輿南向이면賊心이惶怖歸死ᄒᆞ리니臣은願執銳前驅ᄒᆞ노이다

帝ㅣ從之ᄒᆞ다

對ᄒᆞ야曰潁川이陛下ㅣ事가隴蜀에有ᄒᆞᆷ을聞ᄒᆞᆫ고로狂狡ㅣ間을乘ᄒᆞ야서로詿誤
ᄒᆞᆷ이니만일乘輿ㅣ南으로向ᄒᆞᆷ을聞ᄒᆞ면賊이반다시惶怖ᄒᆞ야死에歸ᄒᆞ리니臣은
願컨ᄃᆡ銳를執ᄒᆞ고前으로驅ᄒᆞ겟노이다帝ㅣ從ᄒᆞ다

庚申에 車駕ㅣ南征ᄒᆞ니 潁川盜賊이 悉降ᄒᆞ다 寇恂으로 竟不拜郡ᄒᆞᆫ대 百姓이 遮道曰願從陛下ᄒᆞ야 復借寇君一年이니ᄒᆞ노다 乃留恂長社ᄒᆞ야 地理志潁川郡有長社縣括地志故城在今許州長社縣西其社中有樹暴長因名焉長如字 鎭撫吏民ᄒᆞ고 受納餘降ᄒᆞ다 出恂傳

庚申에 車駕ㅣ南으로征ᄒᆞ니 潁川盜賊이 다降ᄒᆞ다 寇恂으로 竟히郡을拜치아니ᄒᆞᆫ대 百姓이道에遮ᄒᆞ야 曰願컨ᄃᆡ 陛下를從ᄒᆞ야 다시寇君을一年을借ᄒᆞ노이다 이에 恂을長社에留ᄒᆞ야 吏民을鎭撫ᄒᆞ고 餘降을受納ᄒᆞ다

東郡濟陰에 盜賊이 亦起어ᄂᆞᆯ 東郡今東昌府是也濟陰括地志云今曹州有濟陰縣是也 帝ㅣ遣李通王常ᄒᆞ야 擊之ᄒᆞᆯ서 以耿純으로 嘗爲東郡太守ᄒᆞ야 威信이 著於衛地ᄒᆞ야 遣使拜太中大夫ᄒᆞ야 使與大兵으로 會東郡ᄒᆞ다

東郡濟陰에 盜賊이 또起ᄒᆞ거ᄂᆞᆯ 帝ㅣ李通과王常을遣ᄒᆞ야 擊ᄒᆞᆯ서 耿純으로써 일즉 이東郡太守가되야 威信이衛地에著ᄒᆞ얏다ᄒᆞ야 使를遣ᄒᆞ야 太中大夫를拜ᄒᆞ야 곰大兵으로더브러東郡에會ᄒᆞ다

東郡이 聞純이 入界ᄒᆞ고 盜賊九十餘人이 皆詣純降ᄒᆞ니 大兵이 不戰而還이어ᄂᆞᆯ 璽書ㅣ 復以純으로 爲東郡太守ᄒᆞ다 出純傳

東郡이純이界에入홈을聞ᄒᆞ고盜賊九千餘人이다純에게詣ᄒᆞ야降ᄒᆞ니大兵이戰치아니ᄒᆞ고還ᄒᆞ거ᄂᆞᆯ璽書ㅣ다시純으로ᄡᅥ東郡太守를ᄉᆞᆷ다

(癸巳)九年이라 **祭遵**이 **薨**ᄒᆞ다 **遵**의 **爲人**이 **廉約小心**ᄒᆞ야 **克己奉公**ᄒᆞ고 **賞賜**를 **盡與士卒**ᄒᆞ고 **約束**이 **嚴整**ᄒᆞ니 **所在**에 **吏民**이 **不知有軍**이러라 **取士**에 **皆用儒術**ᄒᆞ고 **對酒設樂**에 **必雅歌投壺**ᄒᆞ고(謂歌詩雅投壺爲樂也投壺詳見禮記) **臨終**에 **遺戒薄葬**ᄒᆞ고 **問以家事**호ᄃᆡ **終無所言**이러라 **其後朝會**에 **帝**ㅣ **每歎曰安得憂國奉公**을 **如祭征虜者乎**아 (出遵本傳)

九年이라祭遵이薨ᄒᆞ다遵의人됨이廉約ᄒᆞ고小心ᄒᆞ야己를克ᄒᆞ야公을奉ᄒᆞ고賞賜를다士卒에게與ᄒᆞ고約束이嚴整ᄒᆞ니在ᄒᆞᆫ바에吏民이軍이有홈을知치못ᄒᆞ더라士를取홈의다儒術을用ᄒᆞ고酒를對ᄒᆞ야樂을設홈의반다시雅歌로壺를投ᄒᆞ고終을臨홈의戒를遺ᄒᆞ야薄히葬ᄒᆞ고家事로ᄡᅥ問호ᄃᆡ終히言ᄒᆞᄂᆞᆫ바이無ᄒᆞ더니그後朝會에帝ㅣ每양歎ᄒᆞ야日엇지憂國奉公홈을祭征虜와如ᄒᆞᆫ者를得ᄒᆞ료

隗囂ㅣ **疾且餓**ᄒᆞ야 **恚憤而卒**ᄒᆞ고 **少子純**이 **立爲王**ᄒᆞ다 (出囂傳)

隗囂ㅣ疾ᄒᆞ고또餓ᄒᆞ야恚憤ᄒᆞ야卒ᄒᆞ고少子純이立ᄒᆞ야王이되다

秋에來歙이率馮異等五將軍ᄒᆞ고討隗純於天水ᄒᆞ다 出本紀

秋에來歙이馮異等五將軍을率ᄒᆞ고隗純을天水에서討ᄒᆞ다

(甲午)十年이라十月에隗純이降ᄒᆞ니隴右ㅣ遂安ᄒᆞ다

十年이라十月에隗純이降ᄒᆞ니隴右ㅣ드대여安ᄒᆞ다

(乙未)十一年이라岑彭이數攻田戎等ᄒᆞ야不克이어ᄂᆞᆯ帝ㅣ遣吳漢ᄒᆞ야發荊州兵ᄒᆞ야與彭으로會荊門ᄒᆞ다

十一年이라岑彭이자조田戎等을攻ᄒᆞ야克지못ᄒᆞ거ᄂᆞᆯ帝ㅣ吳漢을遣ᄒᆞ야荊州兵을發ᄒᆞ야彭으로더브러荊門에會ᄒᆞ다

彭이裝戰船千艘ᄒᆞ야直衝浮橋ᄒᆞ야順風並進ᄒᆞ니所向에無前이라蜀兵이大亂ᄒᆞ야溺死者ㅣ數千人이라長驅入江關ᄒᆞ야令軍中ᄒᆞ야無得虜掠ᄒᆞ니百姓이大喜ᄒᆞ야爭開門降이러라

彭이戰船千艘를裝ᄒᆞ야곳浮橋를衝ᄒᆞ야順風에아올너進ᄒᆞ니向ᄒᆞᄂᆞᆫ바에前이無ᄒᆞᆫ지라蜀兵이크게亂ᄒᆞ야溺死ᄒᆞᆫ者ㅣ數千人이라長驅ᄒᆞ야江關에入ᄒᆞ야軍中에令ᄒᆞ야시러곰虜掠이無케ᄒᆞ니百姓이크게喜ᄒᆞ야爭ᄒᆞ야門을開ᄒᆞ고降ᄒᆞ더라

(趙王良)帝叔也 (夏城門)洛陽十二門每方三門夏門在亥方也

六月에來歙이與蓋延等으로進攻元安大破之ᄒᆞ니蜀人이大懼ᄒᆞ야使刺客으로刺歙中傷而絶이어ᄂᆞᆯ趙王良이從帝送歙喪ᄒᆞᆯ새還入夏城門ᄒᆞ야與中郞將張邯으로爭道ᄒᆞ야叱邯車旋ᄒᆞ고又詰責門候ᄒᆞ야使前走數十步어ᄂᆞᆯ司隷校尉鮑永이劾奏호ᄃᆡ良이無藩臣禮ᄒᆞ니大不敬이니이다良이貴戚尊重호ᄃᆡ而永이劾之ᄒᆞ니朝廷이肅然이러라永이辟扶風鮑恢ᄒᆞ야爲都官從事ᄒᆞ니恢ㅣ亦抗直ᄒᆞ야不避彊禦어ᄂᆞᆯ帝ㅣ常曰貴戚이且斂手ᄒᆞ야以避二鮑ᄒᆞ라ᄒᆞ더라

六月에來歙이蓋延等으로더브러進ᄒᆞ야元安을攻ᄒᆞ야크게破ᄒᆞ니蜀人이크게懼ᄒᆞ야刺客으로ᄒᆞ야곰歙을刺ᄒᆞ야中傷ᄒᆞ야絶ᄒᆞ거ᄂᆞᆯ趙王良이帝를從ᄒᆞ야歙의喪을送ᄒᆞᆯ새夏城門에還入ᄒᆞ야中郞將張邯으로더브러道를爭ᄒᆞ야邯을叱ᄒᆞ야車를旋ᄒᆞ고또門候를詰責ᄒᆞ야前으로數十步를走케ᄒᆞ거ᄂᆞᆯ司隷校尉鮑永이劾奏호ᄃᆡ良이藩臣의禮가無ᄒᆞ니크게不敬이니이다良이貴戚으로尊重호ᄃᆡ永이劾ᄒᆞ니朝廷이肅然ᄒᆞ더라永이扶風鮑恢를辟ᄒᆞ야都官從事를삼으니恢ㅣ또抗直ᄒᆞ야彊禦를避치안ᄂᆞᆫ지라帝ㅣ常히日貴戚이또手를歛ᄒᆞ야써二鮑를避ᄒᆞᆫ다ᄒᆞ더라

公孫述이 使其將延岑으로 拒廣漢ᄒᆞ고 侯丹으로 拒黃石이어ᄂᆞᆯ 岑彭이 襲擊侯丹大破之ᄒᆞ고 因晨夜ᄒᆞ야 倍道兼行二千餘里ᄒᆞ야 徑拔武陽ᄒᆞ고 (武陽縣屬犍爲郡) 使精騎로 馳擊成都ᄒᆞᆯ서 去成都數十里ᄒᆞ야 勢若風雨ᄒᆞ니 所至에 皆奔散이러라

公孫述이 그 將延岑으로ᄒᆞ야곰 廣漢을 拒ᄒᆞ고 侯丹으로 黃石을 拒ᄒᆞ거ᄂᆞᆯ 岑彭이 侯丹을 襲擊ᄒᆞ야 大破ᄒᆞ고 晨夜를 因ᄒᆞ야 倍道ᄒᆞ야 二千餘里를 兼行ᄒᆞ야 徑으로 武陽을 拔ᄒᆞ고 精騎로ᄒᆞ야곰 廣都를 馳ᄒᆞᆯ서 成都數十里를 去ᄒᆞ야 勢가 風과 雨와 갓ᄒᆞ니 至ᄒᆞᄂᆞᆫ 바에다 奔散ᄒᆞ더라

初에 述이 聞漢兵이 在平曲故로 遣大兵ᄒᆞ야 逆之러니 及彭이 至武陽ᄒᆞ야 繞出延岑軍後ᄒᆞ니 (繞纏繞也) 蜀地ㅣ 震駭어ᄂᆞᆯ 述이 大驚ᄒᆞ야 以杖擊地曰 是何神也오 (出彭傳) 乃使刺客으로 詐爲亡奴ᄒᆞ야 降岑彭이라가 夜에 刺殺彭ᄒᆞ다 (出彭傳)

初에 述이 漢兵이 平曲에 在ᄒᆞᆷ을 聞ᄒᆞᆫ 故로 大兵을 遣ᄒᆞ야 逆ᄒᆞ더니 彭이 武陽에 至ᄒᆞᆷ에 及ᄒᆞ야 延岑軍의 後를 繞出ᄒᆞ니 蜀地ㅣ 震駭ᄒᆞ거ᄂᆞᆯ 述이 크게 驚ᄒᆞ야 杖으로써 地

를擊ᄒᆞ야日이엇지神ᄒᆞᆫ뇨이에刺客으로ᄒᆞ야곰그짓亡奴가되야岑彭에게降ᄒᆞ얏
다가夜에彭을刺ᄒᆞ야殺ᄒᆞ다

馬成等이破河池ᄒᆞ고遂平武都ᄒᆞ다

馬成等이河池를破ᄒᆞ고드대여武都를平ᄒᆞ다

郭伋이爲幷州牧ᄒᆞ야 (郭伋姓名字細君) 過京師ᄒᆞᆯ서帝ㅣ問以得失ᄒᆞᆫ대伋이曰選補衆職ᄒᆞᆫ데當簡天下賢俊이오不宜專用南陽人이니이다是時에在位多鄕曲故舊故로伋言及之러라 (出伋傳)

郭伋이幷州牧이되야京師를過ᄒᆞᆯ서帝ㅣ得失로써問ᄒᆞᆫ대伋이曰衆職을選ᄒᆞ야補ᄒᆞᆯ진ᄃᆡ맛당이天下의賢俊을簡ᄒᆞᆯ것이오南陽人을專用ᄒᆞᆷ이宜치아니ᄒᆞ니이다이ᄯᅢ에位에在ᄒᆞᆫ이가鄕曲의故舊가多ᄒᆞᆫ故로伋이言ᄒᆞ야及ᄒᆞ더라

(丙申)十二年이라吳漢이將步騎二萬ᄒᆞ고進逼成都ᄒᆞ야與公孫述로戰於廣都成都之間ᄒᆞ야八戰八克ᄒᆞ다 (出吳漢傳)

十二年이라吳漢이步騎二萬을將ᄒᆞ고進ᄒᆞ야成都를逼ᄒᆞ야公孫述로더브러廣都와成都의間에서戰ᄒᆞ야八戰ᄒᆞᆷ의八克ᄒᆞ다

十一月에臧宮이軍咸陽門하니述이自將數萬人하야攻吳漢하고使延岑으로拒宮大戰홀새岑이三合三勝하고自旦及日中에軍士ㅣ不得食하야並疲어늘漢이因使護軍高午와唐邯으로將銳卒數萬하야擊之하니述兵이大亂이어늘高午ㅣ犇陳하야刺述洞胸墮馬혼대(洞胷穿也)左右ㅣ輿入城이러니述이以兵으로屬延岑하고其夜에死하니明旦에延岑이以城으로降하다(出述傳)

十一月에臧宮이咸陽門에軍하니述이스스로數萬人을將하야吳漢을攻하고延岑으로하야곰宮을拒하야大戰홀식岑이三合에三勝하고旦로브터日中에及홈이軍士ㅣ食을得지못하야並히疲하거늘漢이因하야護軍高午와唐邯으로하야곰銳卒數萬을將하고擊하니述의兵이크게亂하는지라高午ㅣ陳에犇하야述을刺하야胷을洞하야馬에墮혼대左右ㅣ輿하야城에入하더니述이兵으로써延岑에게屬하고그夜에死하니明旦의延岑이城으로써降하다

初에述이徵廣漢李業하야爲博士혼대業이固稱疾不起어늘述이羞不能致하야賜以毒酒하니業이乃嘆曰古人이危邦不入하고亂邦不居

(飮毒而
死)述聞
之耻有殺
賢之名遺
使吊祠賻
贈百匹

爲此故也도다遂飮毒而死ᄒᆞ다

初에述이廣漢李業을徵ᄒᆞ야博士를삼은뒤業이굿게疾을稱ᄒᆞ고起치안커ᄂᆞᆯ述이能히致치못홈을羞ᄒᆞ야毒酒로써賜ᄒᆞ니業이이에嘆ᄒᆞ야日古人이危邦에入치안코亂邦에居치아니홈은此를爲ᄒᆞᆫ故로다ᄒᆞ고드대여毒을飮ᄒᆞ고死ᄒᆞ다

述이又聘巴郡譙玄ᄒᆞᆫ대玄이不詣어ᄂᆞᆯ亦遣使者ᄒᆞ야以毒藥으로劫之ᄒᆞ고述이徵蜀郡王皓王嘉ᄒᆞ고恐其不至ᄒᆞ야先繫其妻子ᄒᆞ니皓嘉ㅣ皆自殺ᄒᆞ고犍爲費貽ㅣ不肯仕ᄒᆞ야漆身爲癩ᄒᆞ야佯狂而避之ᄒᆞ고同郡任永馮信이皆托靑盲ᄒᆞ야以辭徵命ᄒᆞ니라

述이또巴郡譙玄을聘ᄒᆞᆫ대玄이詣치안커ᄂᆞᆯ또使者를遣ᄒᆞ야毒藥으로써劫ᄒᆞ고述이蜀郡王皓와王嘉를徵ᄒᆞ고그至치아니ᄒᆞᆯ가恐ᄒᆞ야먼저그妻子를繫ᄒᆞ니皓와嘉ㅣ다自殺ᄒᆞ고犍爲費貽ㅣ仕ᄒᆞ기를肯치아니ᄒᆞ야身을漆ᄒᆞ고癩가되야거짓狂ᄒᆞ야避ᄒᆞ고同郡任永과馮信이다靑盲이라托ᄒᆞ야써徵命을辭ᄒᆞ니라

帝ㅣ旣平蜀에譙玄이已卒이어ᄂᆞᆯ祠以中牢ᄒᆞ고敕所在ᄒᆞ야還其家錢ᄒᆞ고而表李業之閭ᄒᆞ고徵費貽、任永、馮信ᄒᆞ니會에永信은病卒ᄒᆞ고獨

貽ㅣ仕ᄒᆞ야至合郡太守ᄒᆞ다 以上並出獨行傳

帝ㅣ임의蜀을平ᄒᆞᆷ의譙玄이임의卒ᄒᆞ얏거ᄂᆞᆯ中牢로써祠ᄒᆞ고所在에勅ᄒᆞ야그家錢을還ᄒᆞ고李業의閭를表ᄒᆞ고費貽와任永과馮信을徵ᄒᆞ니會에永과信은病으로卒ᄒᆞ고홀로貽가仕ᄒᆞ야合郡太守에至ᄒᆞ니라

帝ㅣ以睢陽令任延으로爲武威太守ᄒᆞ고親見戒之曰善事上官ᄒᆞ야無失名譽ᄒᆞ라延이對曰臣은聞忠臣은不私오私臣은不忠이라ᄒᆞ니履正奉公은臣子之節이오上下雷同은非陛下之福이니善事上官은臣不敢奉詔ㅣ니이다帝ㅣ歎息曰卿言이是也로다 出循吏傳

帝ㅣ睢陽令任延으로써武威太守를삼고親히見ᄒᆞ고戒ᄒᆞ야曰善히上官을事ᄒᆞ야名譽를失치말나延이對ᄒᆞ야曰臣은드르니忠臣은私치안코私臣은忠치안ᄂᆞᆫ다ᄒᆞ니正을履ᄒᆞ야公을奉ᄒᆞᆷ은臣子의節이오上下가雷ㅣ同ᄒᆞᆷ은陛下의福이아니니善히上官을事ᄒᆞᆷ은臣이敢히詔를奉치못ᄒᆞ겟ᄂᆞ이다帝ㅣ歎息ᄒᆞ야曰卿言이是ᄒᆞ도다

(丁酉)十三年이라時에異國이有獻名馬者ᄒᆞ니日行千里ᄒᆞ고又獻

(雅)常也

(盤于)盤與般通樂也

寶釼ᄒᆞ니價直百金이라詔以劒으로賜騎士ᄒᆞ고馬ᄂᆞᆫ駕鼓車ᄒᆞ다 馬在轅中曰駕天子車駕出後有黃門鼓車按鼓車駕鼓之車也 上이雅不喜聽音樂ᄒᆞ고手不持珠玉이러라 出循吏傳序

十三年이라時에異國이千里馬를獻ᄒᆞᄂᆞᆫ者ㅣ有ᄒᆞ니日에千里를行ᄒᆞ고또寶劒을獻ᄒᆞ니價直ㅣ百金이라詔ᄒᆞ야劒으로써騎士를賜ᄒᆞ고馬ᄂᆞᆫ鼓車를駕ᄒᆞ다上이雅히音樂을喜聽치아니ᄒᆞ고手로珠玉을持치아니ᄒᆞ더라

嘗出獵이라가車駕ㅣ夜還이어ᄂᆞᆯ上東門候郅惲이拒關不開ᄒᆞᆫ대 洛陽十二門按十二支每一方三門上東者寅方門也每門候一人秩六百石屬城門校尉司啓閉出入郅惲其姓名 上이令從者로見面於門間ᄒᆞ니惲이曰火明遼遠이라ᄒᆞ고遂不受詔어ᄂᆞᆯ上이乃回ᄒᆞ야從中東門入ᄒᆞ다 中東門卯方也

일즉이出ᄒᆞ야獵ᄒᆞ다가車駕ㅣ夜에還ᄒᆞ거ᄂᆞᆯ上東門候郅惲이關을拒ᄒᆞ고開치아니ᄒᆞᆫ되上이從者로ᄒᆞ야곰面을門間으로見ᄒᆞ니惲이曰火明이遼遠ᄒᆞ다ᄒᆞ고드대여詔를受치안커ᄂᆞᆯ上이이에回ᄒᆞ야中東門으로從ᄒᆞ야入ᄒᆞ다

明日에惲이上書諫曰昔에文王이不敢盤于游田ᄒᆞ고以萬民惟正之供이러니而陛下ㅣ遠獵山林ᄒᆞ야夜以繼晝ᄒᆞ시니如社稷宗廟에何오ᄒᆞᆺ고書奏에賜惲布百匹ᄒᆞ고貶中東門候ᄒᆞ야爲參封尉ᄒᆞ다 出本傳參封縣名屬瑯琊郡尉

主盜賊

明日에惲이書를上ᄒᆞ야諫ᄒᆞ야曰昔에文王이敢히遊田에盤치아니ᄒᆞ고萬民으로써오직正을供ᄒᆞ더니陛下ㅣ遠히山林에獵ᄒᆞ야夜로써晝를繼ᄒᆞ시니社稷宗廟에엇지ᄒᆞ리잇고書를奏ᄒᆞᆷ의惲을布百匹을賜ᄒᆞ고中東門候를貶ᄒᆞ야參封尉를삼다

大饗將士功臣ᄒᆞ고定封ᄒᆞᆯ새鄧禹로爲高密侯ᄒᆞ야(齊地北海郡有高密縣在臨淄之東今密州是也)食四縣ᄒᆞ고李通으로爲固始侯ᄒᆞ고(即固陵本屬陳州後改固始今屬光州)賈復으로爲膠東侯ᄒᆞ야(括地志即墨故城在密州膠水縣東北六十里即膠東國)食六縣ᄒᆞ고餘ᄂᆞᆫ皆有差ᄒᆞ다

크게將士와功臣을饗ᄒᆞ고封을定ᄒᆞᆯ식鄧禹로高密侯를삼아四縣을食케ᄒᆞ고李通으로固始侯를삼고賈復으로膠東侯를삼어六縣을食케ᄒᆞ고餘ᄂᆞᆫ다差가有ᄒᆞ다

帝ㅣ在兵間ᄒᆞ야久厭武事ᄒᆞ고且知天下ㅣ疲耗ᄒᆞ야思樂息肩ᄒᆞ고自隴蜀平後로非警急이면未嘗復言軍旅러니皇太子ㅣ嘗問攻戰之事ᄒᆞᆫᄃᆡ帝ㅣ曰昔에衛靈公이問陳에孔子ㅣ不對ᄒᆞ시니此ᄂᆞᆫ非爾所及이니라ᄒᆞ더라(出本紀)

帝ㅣ兵間에在ᄒᆞ야오래武事를厭ᄒᆞ고또天下ㅣ疲耗ᄒᆞ야樂을思ᄒᆞ고肩을息ᄒᆞᆷ을

春朝曰朝秋朝曰請言奉朝會請召而己

知ᄒᆞ고隴蜀이平ᄒᆞᆫ後로브터警急이아니면일즉이다시軍旅를言치안터라皇太子ㅣ일즉이攻戰의事를問ᄒᆞᆫ대帝ㅣ曰昔에衛靈公이陳을問ᄒᆞᆷ이孔子ㅣ對치아니ᄒᆞ셧스니此ᄂᆞᆫ爾의及ᄒᆞᆯ바이아니라ᄒᆞ더라

鄧禹賈復이知帝ㅣ偃干戈修文德ᄒᆞ며不欲功臣이擁衆京師ᄒᆞ고乃去甲兵ᄒᆞ고敦(去上聲)儒學ᄒᆞ니帝ㅣ亦思念ᄒᆞ고欲完功臣爵土ᄒᆞ야不令以吏職으로爲過ᄒᆞ고遂罷左右將軍官ᄒᆞ니耿弇等이亦上大將軍印授ᄒᆞ고皆以列侯로就第加位ᄒᆞ야特進奉朝請이러라 (出耿弇賈復傳)

鄧禹와賈復이帝ㅣ干戈를偃ᄒᆞ고文德을修ᄒᆞ며功臣이京師에서衆을擁ᄒᆞᆷ을欲치아니ᄒᆞᆷ을知ᄒᆞ고이에甲兵을去ᄒᆞ고儒學을敦ᄒᆞ니帝ㅣ또思念ᄒᆞ고功臣의爵土를完코져ᄒᆞ야ᄒᆞ야곰吏職으로써過ᄒᆞ지안케ᄒᆞ고드듸여左右將軍官을罷ᄒᆞ니耿弇等이또大將軍印授를上ᄒᆞ고다列侯로써第에就ᄒᆞ야位를加ᄒᆞ야特進으로朝와請을奉ᄒᆞ더라

鄧禹ㅣ內行淳備ᄒᆞ야有子十三人ᄒᆞ더니各使守一藝ᄒᆞ야修整閨門ᄒᆞ고教養子弟ᄒᆞ니皆可以爲後世法ᄒᆞ고資用國邑ᄒᆞ야不修產利러라 (出禹傳)

鄧禹ㅣ內로淳備를行ᄒᆞ야子十三人이有호ᄃᆡ各々ᄒᆞ야곰一藝를守ᄒᆞ야閨門을修整ᄒᆞ고子弟를敎養ᄒᆞ니다可히써後世法이되고國邑을賚用ᄒᆞ야産利를修치안터라

賈復의爲人이剛毅方直ᄒᆞ고多大節이러니旣還私第에闔門養威重이러니朱祐等이薦復이宜爲宰相이어ᄂᆞᆯ帝ㅣ方以吏事로責三公(太尉公掌四方兵事司徒公掌人民孝弟謙儉事司空公掌水土營城起邑浚溝洫修墳坊事)故로功臣이竝不用이라是時列侯에惟高密固始膠東三侯ㅣ與公卿으로參議國家大事ᄒᆞ야恩遇ㅣ甚厚ᄒᆞ더라(出復傳)

賈復의人됨이剛毅方直ᄒᆞ고大節이多ᄒᆞᆫ지라임의私第에還ᄒᆞᆷ이門를闔ᄒᆞ고威重을養ᄒᆞ더니朱祐等이復이맛당이宰相될만ᄒᆞ다薦ᄒᆞ거ᄂᆞᆯ帝ㅣ바야흐로吏事로써三公을責ᄒᆞᄂᆞᆫ故로功臣이並히用치못ᄒᆞᆫ지라이ᄯᅢ列侯에오쟉高密과固始와膠東三侯가公卿으로더브러國家大事를參議ᄒᆞ야恩遇ㅣ심히厚ᄒᆞ더라

帝ㅣ雖制御功臣而每能回容ᄒᆞ야宥其少失ᄒᆞ고遠方이貢珍에甘必先徧賜諸侯而太官이無餘故로皆保其福祿ᄒᆞ야無誅譴者러라(出馬武傳)

(太官)百官志掌御膳具酒果也

帝ㅣ비록功臣을制御호ᄃᆡ미양能히回容ᄒᆞ야그少失을宥ᄒᆞ고遠方이貢珍홈의甘
을반다시먼져두루諸侯에게賜ᄒᆞ고太官이餘가無ᄒᆞᆫ고로다그福祿을保ᄒᆞ야誅譴
ᄒᆞᄂᆞᆫ者ㅣ업더라

時에兵革이既息ᄒᆞ고天下少事ᄒᆞ야文書調役에務從簡寡ᄒᆞ야至乃
十存一焉이러라

(調)去聲賦調也發也

時에兵革이임의息ᄒᆞ고天下ㅣ事가少ᄒᆞ야文書調役에務가簡寡홈을從ᄒᆞ야이에
十에一을存홈에至ᄒᆞ얏더라

(戊戌)十四年이라梁統이上疏曰臣은竊見元帝初元五年에輕
殊死刑이三十四事오(殊絶也異也言其身首離絶而異處也輕其殊死謂減死一等)哀帝建平元年에輕殊
死刑이八十一事라其四十二事에手殺人者는減死一等ᄒᆞ니自
是以後로著爲常準故로人輕犯法ᄒᆞ고吏易殺人이라經에曰爰制
百姓을于刑之衷이라ᄒᆞ니衷之爲言은不輕不重之謂也라自高帝
로至于孝宣히海內ㅣ稱治러니至初元建平而盜賊이浸多ᄒᆞ니皆
刑罰이不衷ᄒᆞ야愚人이易犯之所致也라由此觀之則刑輕之

(衷)與中通去聲

作이反生大患ᄒᆞ야惠加奸軌而害及良善也ㅣ니이다事寢不報ᄒᆞ다

十四年이라梁統이疏를上ᄒᆞ야曰臣은竊히見ᄒᆞ니元帝初元五年에輕殊死刑이三十四事오哀帝建平元年에輕殊死刑이八十一事라그四十四事에手로人을殺ᄒᆞᆫ者ᄂᆞᆫ死에一等을減ᄒᆞ니이로브터써後로著ᄒᆞ야常準이된고로人이輕히法을犯ᄒᆞ고吏가易히人을殺ᄒᆞᄂᆞᆫ지라經에曰이에百姓을制ᄒᆞ기를刑의衷으로ᄒᆞᆫ다ᄒᆞ니衷이라言ᄒᆞᆷ은不輕不重ᄒᆞᆷ을謂ᄒᆞᆷ이라高帝로브터孝宣에至ᄒᆞ기海內ㅣ治ᄒᆞᆷ을稱ᄒᆞ더니初元建平에至ᄒᆞ야盜賊이浸多ᄒᆞ니다刑罰이不衷ᄒᆞ야愚人이犯키易ᄒᆞᆫ所致라此로由ᄒᆞ야觀ᄒᆞᆫ則刑輕의作이도로혀大患을生ᄒᆞ야惠가奸軌에加ᄒᆞ고害가良善에及ᄒᆞᆷ이니이다事를寢ᄒᆞ고報치안타

(己亥)十五年이라春에大司徒韓歆이免ᄒᆞ다歆이好直言無隱諱ᄒᆞ야帝ㅣ每不能容이러니歆이於上前에證歲將饑凶ᄒᆞᆯ서指天畫地ᄒᆞ고言甚剛切故로坐免ᄒᆞ야歸田里러니帝ㅣ猶不釋ᄒᆞ고復遣使宣詔責之ᄒᆞ니歆及子嬰이皆自殺ᄒᆞ다歆이素有重名이러니死非其罪ᄒᆞ야衆多不厭이어ᄂᆞᆯ(一葉反)帝ㅣ乃追賜錢穀ᄒᆞ야以成禮로葬之ᄒᆞ다(成禮具禮也言不以非命而降其葬禮)

(不厭)厭服也

十五年이라春에大司徒韓歆이免ᄒᆞ다歆이直言을好ᄒᆞ고隱諱가無ᄒᆞ야帝ㅣ미양能히容치못ᄒᆞ더니歆이上前에서歲가장찻饑凶홈을證ᄒᆞᆯ시天을指ᄒᆞ고地를畫ᄒᆞ고言을심히剛切히ᄒᆞᆫ고로免에坐ᄒᆞ야田里로歸ᄒᆞ얏더니帝오히려釋치아니ᄒᆞ고다시使를遣ᄒᆞ야詔를宣ᄒᆞ야責ᄒᆞ니歆과밋子嬰이다ᄉᆞᄉᆞ로殺ᄒᆞ다歆이素히重名이有ᄒᆞ더니그罪아님에死ᄒᆞ야衆이厭치안ᄂᆞᆫ이가多ᄒᆞ거ᄂᆞᆯ帝ㅣ이에錢穀을追賜ᄒᆞ야成禮로써葬ᄒᆞ다

溫公曰昔高宗說命曰若藥不瞑眩厥疾弗瘳夫切直之言非人臣之利乃家國之福也是以人君夙夜求之唯懼不得聞惜乎以光武之世而韓歆以直諫死豈不爲仁明之累哉

帝ㅣ以天下墾田(墾闢也)이多不以實自占ᄒᆞ고又戶口年紀ㅣ互有增減으로乃詔下州郡檢覈(覈實也)ᄒᆞ니於是에刺史太守ㅣ多爲詐巧ᄒᆞ야苟以度田爲名ᄒᆞ고聚民田中ᄒᆞ야幷度廬屋里落ᄒᆞ니民이遮道啼呼라或優饒豪右ᄒᆞ고侵刻羸弱(羸弱謂貧民下戶)이러라

(度)他各切計也

帝ㅣ天下墾田이마니實로써自占치아니ᄒᆞ고또戶口의年紀ㅣ서로增減이有홈으로써이에州郡에詔下ᄒᆞ야檢覈ᄒᆞ니이에刺史太守ㅣ마니詐巧ᄒᆞ야苟히度田으로써名을ᄒᆞ고民의田中에聚ᄒᆞ야幷히廬屋里落를度ᄒᆞ니民이道에遮ᄒᆞ야啼呼ᄒᆞᄂᆞᆫ지라或豪를優饒ᄒᆞ고羸弱을侵刻ᄒᆞ더라

(牘上)牘大簡也目陳留吏陳留郡奏事之吏也

(郡敕)敕敎也戒也(東海公)陰貴人子也

時에諸郡이各遣使奏事홀서帝見陳留吏牘호니上有書어놀(牘音讀書字也奏剡曰牘)視之호니云潁川弘農은可問이어니와河南南陽은不可問이라호야놀(謂此二郡多有近臣近親不可得而理問也)帝ㅣ詰吏由혼대(謂詰問吏之因由)吏ㅣ不肯服호고抵言於長壽街上得之어놀(抵言托辭也)

時에諸郡이각々使를遣호야事를奏홀시帝ㅣ陳留吏牘을見호니上에書가有호거놀視호니云호되潁川과弘農은가히問호려니와河南과南陽은可히問치못홀지라호야놀帝ㅣ吏의由를詰호니吏ㅣ肯服치아니호고長壽街上에셔得호얏다고抵言호거놀

帝ㅣ怒호니時에皇子東海公陽이年이十二ㅣ라在幄後言曰吏受郡敕호야當欲以墾田으로相方耳이니다(方比也)帝ㅣ曰卽如此면何故로言河南南陽은不可問고對曰河南은帝城이라多近臣호고南陽은帝鄕이라多近親호니田宅이踰制호야不可爲準이니다帝ㅣ令虎賁將으로詰問吏호니吏ㅣ乃首服호야如東海公對러라(首謂首陳其非而服其罪)

(桑無附枝)春月旣採桑斫去繁枝有其特長則來年桑葉茂盛

帝ㅣ怒ᄒᆞ니時에皇子東海公陽이年이十二라幄後에在ᄒᆞ야言ᄒᆞ야曰吏가郡敎을受ᄒᆞ야맛당이墾田으로써서로方케ᄒᆞ고져홈이니이다帝ㅣ曰곳이와갓ᄒᆞ면何故로河南과南陽은可히問치못ᄒᆞᆯ지라言ᄒᆞ얏ᄂᆞᆫ고對ᄒᆞ야曰河南은帝城이라近臣이多ᄒᆞ고南陽은帝鄕이라近親이多ᄒᆞ니田宅이制ᄅᆞᆯ踰ᄒᆞ야可히準ᄒᆞᆯ슈가업다홈이니이다帝ㅣ虎賁將으로ᄒᆞ야곰吏에게詰問ᄒᆞ니吏가이에首服ᄒᆞ야東海公의對와如ᄒᆞ더라

上이**由是**로**益奇愛陽**ᄒᆞ고**遣謁者**ᄒᆞ야**考實二千石長吏阿枉不平者**ᄒᆞ다 (阿枉謂阿諛枉曲也)

上이是로由ᄒᆞ야더욱陽을奇愛ᄒᆞ고謁者ᄅᆞᆯ遣ᄒᆞ야二千石長吏의阿枉ᄒᆞ고不平ᄒᆞᆫ者ᄅᆞᆯ考實ᄒᆞ다

張堪으로**拜漁陽太守**ᄒᆞ다**堪**이**視事八年**에**匈奴**ㅣ**不敢犯塞**ᄒᆞ고**勸民耕稼**ᄒᆞ야**以致殷富**ᄒᆞ니**百姓**이**歌曰桑無附枝**ᄒᆞ고**麥穗兩岐**라 (穗苗美者岐旁出者謂一莖而兩穗也) **張君**이**爲政**에**樂不可支**라ᄒᆞ더라 (出堪本傳)

張堪으로漁陽太守ᄅᆞᆯ拜ᄒᆞ다堪이事ᄅᆞᆯ視ᄒᆞᆫ지八年에匈奴ㅣ敢히塞에犯치못ᄒᆞ고民에게耕稼ᄅᆞᆯ勸ᄒᆞ야써殷富ᄅᆞᆯ致ᄒᆞ니百姓이歌ᄒᆞ야曰桑은附枝가無ᄒᆞ고麥은兩

岐로穗ᄒᆞᆫ지라張君이政을ᄒᆞᆷ이樂을可히支ᄒᆞᆯ슈업다ᄒᆞ더라

(庚子)十六年이라郡國에羣盜ㅣ處處並起ᄒᆞ야郡縣이追討ᄒᆞᆯ서到則解散ᄒᆞ고去復屯結ᄒᆞ야靑徐幽冀四州ㅣ尤甚이라冬十月에遣使者下郡國ᄒᆞ야聽羣盜의自相糾擿ᄒᆞ고(擿猶發也)五人이共斬一人者ᄂᆞᆫ除其罪ᄒᆞ니於是에更相追捕ᄒᆞ야賊並解散이라徙其魁帥於他郡ᄒᆞ고賦田受廩ᄒᆞ야使安生業ᄒᆞ니自是로牛馬를放牧不收ᄒᆞ고邑門을不閉러라(出本傳)

(賦田受廩)賦給與也

十六年이라郡國에群盜ㅣ處々에並起ᄒᆞ야郡縣이追討ᄒᆞᆯ서到ᄒᆞᆫ則解散ᄒᆞ고去ᄒᆞ면다시屯結ᄒᆞ야靑徐幽冀四州ㅣ尤甚ᄒᆞᆫ지라冬十月에使者를遣ᄒᆞ야郡國에下ᄒᆞ야羣盜의스ᄉᆞ로서로糾擿ᄒᆞᆷ을聽ᄒᆞ고五人이共히一人을斬ᄒᆞᄂᆞᆫ者ᄂᆞᆫ그罪를除ᄒᆞ니이에다시서로追捕ᄒᆞ야賊이並히解散ᄒᆞᆫ지라그魁帥를他郡에徙ᄒᆞ고田을賦ᄒᆞ고廩을受ᄒᆞ야하야곰生業을安케ᄒᆞ니是로自ᄒᆞ야牛馬를放牧ᄒᆞ야收치안코邑門을閉치안터라

(辛丑)十七年이라郭后ㅣ寵衰ᄒᆞ야數懷懟어늘(懟亦怨也)上이怒之ᄒᆞ야廢皇后郭氏ᄒᆞ고立貴人陰氏ᄒᆞ야爲皇后ᄒᆞ다

(郭皇后)大鴻臚郭況之妹也(陰氏)光武適新野因其美而悅之

十七年이라郭后ㅣ寵이衰ᄒᆞ야자조懟를懷ᄒᆞ거ᄂᆞᆯ上이怒ᄒᆞ야皇后郭氏를廢ᄒᆞ고
貴人陰氏를立ᄒᆞ야皇后를삼다

帝ㅣ幸章陵ᄒᆞ야修園廟祠舊宅ᄒᆞ고觀田廬ᄒᆞ야置酒作樂ᄒᆞ고賞賜時宗室ᄒᆞ니諸母ㅣ因酣悅ᄒᆞ야相與語曰文叔이少時에謹信ᄒᆞ야與人不欵曲ᄒᆞ고(欵曲周旋貌)唯直柔耳러니今에乃能如此로다帝ㅣ聞之大笑曰吾治天下에亦欲以柔道로行之로다(出本紀)

帝ㅣ章陵에幸ᄒᆞ야園廟를修ᄒᆞ고舊宅에祠ᄒᆞ고田廬에觀ᄒᆞ야酒를置ᄒᆞ고樂을作ᄒᆞ고時宗室을賞賜ᄒᆞ니諸母ㅣ酣을因ᄒᆞ야悅ᄒᆞ야서로더브러語ᄒᆞ야曰文叔이少時에謹信ᄒᆞ야人으로더브러欵曲지못ᄒᆞ고오쟉直ᄒᆞ고柔ᄒᆞ더니今에이에能히此와如ᄒᆞ도다帝ㅣ聞ᄒᆞ고크게笑ᄒᆞ야曰吾ㅣ天下를治홈의ᄯᅩ柔道로써行코져ᄒᆞ노라

交趾女子ㅣ反이어ᄂᆞᆯ拜馬援爲伏波將軍ᄒᆞ야以擊交趾ᄒᆞ야大破之ᄒᆞ다

交趾女子ㅣ反ᄒᆞ거ᄂᆞᆯ馬援을拜ᄒᆞ야伏波將軍을삼어써交趾를擊ᄒᆞ야크게破ᄒᆞ다

(癸卯)十九年이라 郭后ㅣ既廢에 太子彊이 意不自安ᄒᆞ야 郅惲이 說太子曰久處疑位면 上違孝道오 下近危殆니 不如辭位ᄒᆞ야 以奉養母氏ᄒᆞ다ᄒᆞ야ᄂᆞᆯ 太子ㅣ從之ᄒᆞ야 數因左右及諸王ᄒᆞ야 陳其懇誠ᄒᆞ고 願備藩國ᄒᆞ니 上이 不忍遲回者ㅣ數歲러라 遲回不決意貌或並音去聲遲待回避也

十九年이라郭后ㅣ임의廢ᄒᆞᆷ의太子彊이意에스ᄉᆞ로安치못ᄒᆞ거ᄂᆞᆯ郅惲이太子ᄅᆞᆯ說ᄒᆞ야日오ᄅᆡ疑位에處ᄒᆞ면上으로孝道ᄅᆞᆯ違ᄒᆞ고下로危殆에近ᄒᆞ니位ᄅᆞᆯ謝ᄒᆞ야써母氏ᄅᆞᆯ奉養ᄒᆞᆷ만갓지안타ᄒᆞ야ᄂᆞᆯ太子ㅣ從ᄒᆞ야자조左右와밋諸王을因ᄒᆞ야그懇誠을陳ᄒᆞ고藩國을備ᄒᆞ기願ᄒᆞ니上이忍치못ᄒᆞ야遲回ᄒᆞᆫ者ㅣ數歲러라

六月에 詔曰春秋之義에 立子以貴ᄒᆞ니 公羊傳云隱元年立適以長不以賢立子以貴不以長註云適謂適夫人之子尊與無敵故以齒貴謂左右勝及姪娣之子位有貴賤又防其同時以生故以貴也 東海王陽은 皇后之子라 宜承大統이오 皇太子彊은 崇執謙退ᄒᆞ야 願備藩國ᄒᆞ니 父子之情에 重久違之라 重猶難也 其以彊으로 爲東海王ᄒᆞ고 立陽ᄒᆞ야 爲皇太子ᄒᆞ고 改名莊ᄒᆞ라 出本傳

六月에詔ᄒᆞ야日春秋의義에子ᄅᆞᆯ立ᄒᆞ야써貴히ᄒᆞ니東海王陽은皇后의子라맛당이大統을承ᄒᆞᆯ지오皇太子彊은宗을執ᄒᆞ고謙退ᄒᆞ야藩國을備키願ᄒᆞ니父子의情

에久히違키어려운지라그疆으로써東海王을삼고陽을立ᄒᆞ야皇太子를삼고名을
莊으로改ᄒᆞ라

上이以桓榮으로爲議郎ᄒᆞ야使授太子經ᄒᆞ고車駕ㅣ幸太學ᄒᆞ니會에諸博士ㅣ論難於前ᄒᆞᆯ서榮이辨明經ᄒᆞ야儒者ㅣ莫之及이라特加賞賜ᄒᆞ다

上이桓榮으로써議郎을삼어하야곰太子에게經을授케ᄒᆞ고車駕ㅣ太學에幸ᄒᆞ니會에諸博士ㅣ前에서論難ᄒᆞᆯ석榮이經을辨明ᄒᆞ야儒者ㅣ及ᄒᆞ리가업ᄂᆞᆫ지라特히賞賜를加ᄒᆞ다

陳留董宣이爲雒陽令이러니湖陽公主蒼頭ㅣ白日에殺人ᄒᆞ고因匿主家ᄒᆞ니吏不能得이라及主出行에以奴驂乘이어ᄂᆞᆯ宣이於夏門亭에候之라가駐車叩馬ᄒᆞ고以刀畫地ᄒᆞ고大言數主之失ᄒᆞ고(數計其失而一一責之)叱奴下車ᄒᆞ야因格殺之ᄒᆞ다(格殺謂不用器械而白手殺之)

陳留董宣이雒陽令이되얏더니湖陽公主蒼頭ㅣ白日에人을殺ᄒᆞ고因ᄒᆞ야主家에匿ᄒᆞᆫ대吏ㅣ能히得지못ᄒᆞᄂᆞᆫ지라밋主가出行ᄒᆞᆷ의奴로써驂乘ᄒᆞ거ᄂᆞᆯ宣이夏門亭에서候ᄒᆞ다가車를駐ᄒᆞ고馬을叩ᄒᆞ고刀로써地를畫ᄒᆞ고大히主의失ᄒᆞᆷ을數ᄒᆞ야言ᄒᆞ고奴를叱ᄒᆞ야車에下ᄒᆞ야因ᄒᆞ야格殺ᄒᆞ다

(箠)杖也

主ㅣ即還宮訴帝ᄒᆞᆫ대帝ㅣ大怒ᄒᆞ야召宣欲箠殺之어늘宣이叩頭曰願乞一言而死ᄒᆞ노이다帝ㅣ曰欲何言고宣이曰陛下ㅣ聖德이中興而縱奴殺人ᄒᆞ시니將何以治天下乎잇가臣을不須箠라請得自殺ᄒᆞ노이다即以頭로擊楹ᄒᆞ야流血被面이라帝ㅣ令小黃門으로持之ᄒᆞ고使宣으로叩頭謝主ᄒᆞᆫ대宣이不從이어늘彊使頓之ᄒᆞ니宣이兩手據地ᄒᆞ고終不肯俯어늘

(小黃門)以宦人爲人目屬小府者

(頓)下首也

主가곳宮에還ᄒᆞ야帝ᄭᅴ訴ᄒᆞᆫ대帝ㅣ大怒ᄒᆞ야宣을召ᄒᆞ야箠殺코져ᄒᆞ거늘宣이頭를叩ᄒᆞ고曰願컨ᄃᆡ一言을ᄒᆞ고死ᄒᆞ기를乞ᄒᆞ노이다帝ㅣ曰何言을ᄒᆞ고져ᄒᆞᄂᆞᆫ고宣이曰陛下ㅣ聖德이中興ᄒᆞ심의奴를縱ᄒᆞ야人을殺ᄒᆞ시니장ᄎᆞᆺ엇지써天下를治ᄒᆞ시리잇고臣을須히箠ᄒᆞᆯ것이아니라請컨ᄃᆡ시러곰自殺ᄒᆞ겟노이다곳頭로써楹을擊ᄒᆞ야血이流ᄒᆞ야面을被ᄒᆞᄂᆞᆫ지라帝ㅣ小黃門으로ᄒᆞ야곰持케ᄒᆞ고宣으로ᄒᆞ야곰頭를叩ᄒᆞ고主ᄭᅴ謝ᄒᆞ라ᄒᆞᆫᄃᆡ宣이從치아니ᄒᆞ거늘彊히하야곰頓케ᄒᆞ니宣이兩手를地에據ᄒᆞ고終히肯ᄒᆞ야俯치안거늘

(藏亡匿死)謂亡命犯罪者

主ㅣ曰文叔이爲白衣時에藏亾匿死ᄒᆞᄃᆡ吏不敢至門이러니今爲

(廣平忠侯)忠諡也史氏推稱之也

天子ᄒᆞ야威不能行一令乎아帝ㅣ笑曰天子ㅣ不與白衣同이라ᄒᆞ고因赦彊項令出ᄒᆞ고(彊渠良反言不抵屈也) 賜錢三十萬ᄒᆞ니宣이悉以班諸吏ᄒᆞ고由是로能搏擊豪彊ᄒᆞ니京師ㅣ莫不震慄이러라(出宣本傳)

主ㅣ曰文叔이白衣되얏던時에亡을藏ᄒᆞ고死를匿호대吏ㅣ敢히門에至치못ᄒᆞ더니今에天子ㅣ되야威가能히一令에게行치못ᄒᆞ라帝ㅣ笑ᄒᆞ야曰天子ㅣ白衣로더브러同치안타ᄒᆞ고因ᄒᆞ야勅ᄒᆞ야彊項令으로出케ᄒᆞ고錢三十萬을賜ᄒᆞ니宣이다써諸吏에게班ᄒᆞ고由是로能히豪彊을搏擊ᄒᆞ니京師ㅣ震慄치안ᄒᆞ리업더라

(甲辰)二十年이라廣平忠侯吳漢이病篤이어ᄂᆞᆯ車駕ㅣ親臨ᄒᆞ야問所欲言ᄒᆞᆫ대對曰臣愚ᄂᆞᆫ無所知識ᄒᆞ니唯願陛下ᄂᆞᆫ愼無赦而已라ᄒᆞ더라

二十年이라廣平忠侯吳漢이病이篤ᄒᆞ거ᄂᆞᆯ車駕ㅣ親히臨ᄒᆞ야言코져ᄒᆞᄂᆞᆫ바를問ᄒᆞᆫ대對ᄒᆞ야曰臣愚ᄂᆞᆫ知識ᄒᆞᄂᆞᆫ바이無ᄒᆞ니오쥭원컨ᄃᆡ陛下ᄂᆞᆫ愼ᄒᆞ야赦ᄒᆞᆷ이無ᄒᆞᆯ뿐이라ᄒᆞ더라

以郭況으로爲大鴻臚ᄒᆞ고帝ㅣ數幸其第ᄒᆞ야賞賜金帛ᄒᆞ니豊盛이莫比라京師ㅣ號況家ᄒᆞ야爲金穴이라ᄒᆞ더라

郭況으로써太鴻臚를숨고帝ㅣ자조그第에幸ᄒᆞ야金帛을賞賜ᄒᆞ니豊盛홈이比홀되업ᄂᆞᆫ지라京師ㅣ況의家를號ᄒᆞ야金穴이라ᄒᆞ더라

秋九月에馬援이自交趾還이어ᄂᆞᆯ孟冀ㅣ迎勞之ᄒᆞᆫ대援이曰方今匈奴烏桓이尙擾北邊ᄒᆞ니自欲請擊之ᄒᆞ노라男兒ㅣ要當死於邊野ᄒᆞ야以馬革으로裹尸還葬耳니何能臥床上ᄒᆞ야在兒女子手中耶아冀ㅣ曰諒爲烈士ㅣ當如是矣라ᄒᆞ더라 (出援傳)

秋九月에馬援이交趾로브더還ᄒᆞ거ᄂᆞᆯ孟冀ㅣ迎勞ᄒᆞᆫ대援이曰方今匈奴烏桓이오히려北邊을擾ᄒᆞ니스ᄉᆞ로請ᄒᆞ야擊코져ᄒᆞ노라男兒ㅣ當히邊野에셔死ᄒᆞ야馬革으로써尸를裹ᄒᆞ고還葬홈을要홀지니엇지能히床上에臥ᄒᆞ야兒女子手中에在ᄒᆞ라冀ㅣ曰諒히烈士됨이맛당이이와갓다ᄒᆞ더라

(乙巳)二十一年이라莎車王賢이 (莎車本城名後因名國) 欲兼幷西域ᄒᆞ니諸國이愁懼ᄒᆞ야車師等十八國이俱遣子入侍ᄒᆞ고願得都護이ᄂᆞᆯ帝ㅣ以中國初定에北邊未服으로皆還其侍子ᄒᆞ고厚賞賜之ᄒᆞ다

二十一年이라莎車王賢이西域을兼並코져ᄒᆞ니諸國이愁懼ᄒᆞ야車師等十八國이

한가지子를遣ᄒᆞ야入侍ᄒᆞ고都護를得기願ᄒᆞ거ᄂᆞᆯ帝ㅣ中國이初定홈의北邊이未服홈으로써그侍子를還ᄒᆞ고厚히賞을賜ᄒᆞ다

(丙午)二十二年이라初劉昆이爲江陵令이러니縣有火災어ᄂᆞᆯ昆이向火叩頭ᄒᆞ니火尋滅이라後爲弘農太守러니虎皆負子渡河어ᄂᆞᆯ帝ㅣ聞而異之ᄒᆞ야徵昆爲光祿勳ᄒᆞ고(百官表即令秦秦宮漢武改名光祿勳)帝ㅣ問昆曰前在江陵에反風滅火ᄒᆞ고後守弘農에虎北渡河ᄒᆞ니行何德政而致是事오對曰偶然耳니이다左右ㅣ皆笑ᄒᆞ니帝ㅣ嘆曰此ᄂᆞᆫ長者之言也라ᄒᆞ고顧命書諸策ᄒᆞ다(出儒林昆本傳回視曰顧行簡曰策回顧史宮令寫入史策)

二十二年이라初에劉昆이江陵令이되얏더니縣에火災가有ᄒᆞ거ᄂᆞᆯ昆이火를向ᄒᆞ야頭를叩ᄒᆞ니火ㅣ마참ᄂᆡ滅ᄒᆞᄂᆞᆫ지라後에弘農太守가되얏더니虎가다子를負ᄒᆞ고河를渡ᄒᆞ거ᄂᆞᆯ帝ㅣ聞ᄒᆞ고異히여겨昆을徵ᄒᆞ야光祿勳을삼고帝ㅣ昆다려問ᄒᆞ야曰前에江陵에在홈의風을反ᄒᆞ야火를滅ᄒᆞ고後에弘農을守홈의虎가北으로河를渡ᄒᆞ니무슨德政을行ᄒᆞ야是를致ᄒᆞ얏ᄂᆞ뇨對ᄒᆞ야曰偶然이니이다左右ㅣ다笑ᄒᆞ니帝ㅣ嘆ᄒᆞ야曰此ᄂᆞᆫ長者의言이라ᄒᆞ고顧ᄒᆞ고命ᄒᆞ야策에書ᄒᆞ다

西域諸國侍子ㅣ久留敦煌ᄒᆞ야皆愁思亾歸ᄒᆞ니莎車王賢이知都護不至ᄒᆞ고擊破鄯善ᄒᆞ고攻殺龜玆王ᄒᆞ니 (龜玆西域小國在大宛國西天竺國東) 鄯善王安이上書願復遣子入侍ᄒᆞ고更請都護ᄒᆞᄃᆡ都護不出이誠迫於匈奴ㅣ라ᄒᆞ야ᄂᆞᆯ帝ㅣ報曰今使者大兵도未能得出이어니와如諸國이力不從心이면東西南北이自在也리라於是에鄯善車師ㅣ復附匈奴ᄒᆞ다 (出西域傳)

西域諸國侍子ㅣ久히敦煌에留ᄒᆞ야다愁思ᄒᆞ야亡歸ᄒᆞ니莎車王賢이都護ㅣ至치안ᄒᆞᆷ을知ᄒᆞ고鄯善을擊破ᄒᆞ고龜玆王을攻殺ᄒᆞ니鄯善王安이書를上ᄒᆞ야원컨ᄃᆡ다시子를遣ᄒᆞ야入侍ᄒᆞ고다시都護를請ᄒᆞᆫ대都護ㅣ出치아니ᄒᆞᆷ이진실로匈奴에迫ᄒᆞ다ᄒᆞ야ᄂᆞᆯ帝ㅣ報ᄒᆞ야曰今使者大兵도能히得出치못ᄒᆞ거니와만일諸國이力으로心을從치아니ᄒᆞ면東西南北이自在ᄒᆞ리라이에鄯善과車師다시匈奴에게附ᄒᆞ다

(戊申)二十四年이라匈奴八部大人이共議立日逐王比ᄒᆞ야爲呼韓邪單于ᄒᆞ고欵五原塞ᄒᆞ며 (謂叩塞門來服從也欵叩也) 願永爲藩蔽ᄒᆞ야扞禦北虜ᄒᆞ라ᄒᆞ야ᄂᆞᆯ (出匈奴傳)

(五官中郎將)中中都將也

二十四年이라匈奴八部大人이共히議ᄒᆞ야日逐王比ᄅᆞᆯ立ᄒᆞ야呼韓邪單于ᄅᆞᆯ삼고
五原塞ᄅᆞᆯ款ᄒᆞ며永히藩蔽되기ᄅᆞᆯ願ᄒᆞ야北虜ᄅᆞᆯ扞禦ᄒᆞ겟다ᄒᆞ거ᄂᆞᆯ

事下公卿ᄒᆞ니議者ㅣ皆以爲天下ㅣ初定에中國이空虛ᄒᆞ고夷狄은情僞難知ᄒᆞ니不可許ㅣ니이다 五官中郞將耿國이獨以爲宜如孝宣故事受之ᄒᆞ야令東扞鮮卑ᄒᆞ고北拒匈奴ᄒᆞ고率厲四夷ᄒᆞ야完復邊郡케ᄒᆞ소셔帝ㅣ從之ᄒᆞ다 出耿國傳

事ᄅᆞᆯ公卿에게下ᄒᆞ니議者ㅣ다써ᄒᆞ되天下ㅣ初定에中國이空虛ᄒᆞ고夷狄은情僞ᄅᆞᆯ知키難ᄒᆞ니可히許치말지니이다五官中郞將耿國이홀로써ᄒᆞ되맛당히孝宣故事와如히受ᄒᆞ야ᄒᆞ야곰東으로鮮卑ᄅᆞᆯ扞ᄒᆞ고北으로匈奴ᄅᆞᆯ拒ᄒᆞ고四夷ᄅᆞᆯ厲率ᄒᆞ야邊郡을完復케ᄒᆞ소셔帝ㅣ從ᄒᆞ다

秋七月에武陵蠻이寇臨沅이어ᄂᆞᆯ 武陵禹貢荊州之域奉爲鮮卑郡光武改光陵郡今常德府是臨沅縣名屬武陵以南臨沅水故名焉今沅江縣是 馬成이討之不克ᄒᆞ니 馬援이請行ᄒᆞ니 帝ㅣ愍其老ᄒᆞ야 未許ᄒᆞ니 援이曰臣이尙能被甲上馬ㅣ니이다帝ㅣ令試之ᄒᆞ니 援이據鞍顧眄ᄒᆞ야 以示可用이어ᄂᆞᆯ帝ㅣ笑曰矍鑠哉라是翁이여 矍鑠輕健貌東觀記作矆哉是翁註矆許縛反 遂遣援ᄒᆞ샤將四萬

餘人ᄒᆞ야 征五溪ᄒᆞ다 五溪謂雄溪西溪樠溪潕溪辰溪皆槃弧子孫所居謂之五溪蠻也按水經註沅水出牂柯郡且蘭縣去武陵界分五溪今在辰州 援이 謂友
人杜愔曰吾受國厚恩ᄒᆞ야 年迫日索에 迫逼也索盡也謂歲月老也 常恐不得死
國家事러니 今獲所願ᄒᆞ니 甘心瞑目이로다
秋七月에武陵蠻이臨沅을寇ᄒᆞ니馬成이討호대克치못ᄒᆞᄂᆞᆫ지라馬援이行ᄒᆞ기를
請ᄒᆞ니帝그老ᄒᆞᆷ을愍ᄒᆞ야許치안터니援이曰臣이尙히能히甲을被ᄒᆞ고馬에上ᄒᆞ
ᄂᆞ이다帝ㅣᄒᆞ야곰試ᄒᆞ니援이鞍에據ᄒᆞ야顧盼ᄒᆞ야써可히用ᄒᆞᆷ을示ᄒᆞ거ᄂᆞᆯ帝ㅣ
笑ᄒᆞ야曰矍鑠ᄒᆞ다是翁이여드대여援을遣ᄒᆞᆯᄉᆡ四萬餘人을將ᄒᆞ야五溪를征ᄒᆞ다
援이友人杜愔다려謂ᄒᆞ야曰吾ㅣ國의厚ᄒᆞᆫ恩을受ᄒᆞ야年이迫ᄒᆞ고日이索ᄒᆞᆷ의일
ᄌᆞ國家事에死를得치못ᄒᆞᆯ가恐ᄒᆞ얏다니今에所願을獲ᄒᆞ니心을甘ᄒᆞ고目을瞑ᄒᆞ
게도다
冬十月에 凶奴日逐王比ㅣ 自立爲南單于ᄒᆞ고 遣使詣闕ᄒᆞ야 奉
藩稱臣이어ᄂᆞᆯ 上이 以問朗陵侯臧宮ᄒᆞᆫ대 宮이 曰凶奴ㅣ 飢疫分爭ᄒᆞ니
臣은 願得五千騎ᄒᆞ야 以立功ᄒᆞ노이다 帝ㅣ 笑曰常勝之家ᄂᆞᆫ 難與慮
敵이니 吾ㅣ 方自思之호리라 出宮傳

(輕俠)不持重也俠之言俠以權力俠補人者

(龍伯高)山都長龍述也

冬十月에匈奴日逐王比ㅣ스ᄉ로서서南單于가되고使를遣ᄒ야闕에詣ᄒ야藩을奉ᄒ야臣이라稱ᄒ거ᄂᆞᆯ上이써期陵侯臧宮다려問ᄒᆫ뒤宮이日匈奴ㅣ飢疫ᄒ야分爭ᄒ니臣은願컨ᄃᆡ五千騎를得ᄒ야써功을立ᄒ겟노이다帝笑ᄒ야日常히勝ᄒᄂᆞᆫ家ᄂᆞᆫ더부러敵을慮ᄒ기難ᄒ니吾ㅣ바야흐로스ᄉ로思호리라

(己酉)二十五年이라馬援軍이至臨鄕ᄒ야擊破蠻兵ᄒ야斬獲二千餘人ᄒ다援의兄子嚴敦이並喜譏議ᄒ고通輕俠이어ᄂᆞᆯ援이前在交趾에遺書戒之日吾欲汝曹ㅣ聞人過失을如聞父母之名ᄒ야耳可得聞이언정口不可得言也ᄒ노라

二十五年이라馬援軍이臨鄕에至ᄒ야蠻兵을擊破ᄒ야二千餘人을斬獲ᄒ다援의兄子嚴敦이並히譏議를喜ᄒ고輕俠을通ᄒ거ᄂᆞᆯ援이前에交趾에在ᄒ야書를遺ᄒ야戒ᄒ야日吾ㅣ汝曹가人의過失을聞ᄒ기를父母의名을聞홈과如히ᄒ야耳로可히得ᄒ야聞홀지언정口로可히엇어言치안코져ᄒ노라

好議人長短ᄒ며妄是非政法은此ᄂᆞᆫ吾所大惡也ㅣ라寧死ㅣ언정不願聞子孫이有此行也ㅣ라도龍伯高ᄂᆞᆫ敦厚周愼ᄒ야口無擇言ᄒ고謙約

節儉ᄒᆞ야廉公有威ᄒᆞ니吾ㅣ愛之重之ᄒᆞ야願汝曹로效之ᄒᆞ노라

人의長矩을議키好ᄒᆞ며是非와政法을妄히ᄒᆞᆷ은此ᄂᆞᆫ吾의大히惡ᄒᆞᄂᆞᆫ바이라차라리死ᄒᆞᆯ지언졍子孫이이行이有ᄒᆞᆷ을聞키願치안노라龍伯高ᄂᆞᆫ敦厚ᄒᆞ고周愼ᄒᆞ야口에擇言이無ᄒᆞ고謙約ᄒᆞ고節儉ᄒᆞ고廉公ᄒᆞ야威가有ᄒᆞ니吾ㅣ愛ᄒᆞ고重ᄒᆞ야汝曹로效키를願ᄒᆞ노라

杜季良은豪俠好義ᄒᆞ야憂人之憂ᄒᆞ고樂人之樂ᄒᆞ야父喪致客에數郡이畢至ᄒᆞ니吾ㅣ愛之重之ᄂᆞ不願汝曹로效也ᄒᆞ노라

（杜季良）越騎司馬杜保也

杜季良은豪俠ᄒᆞ고義를好ᄒᆞ야人의憂을憂ᄒᆞ고人의樂을樂ᄒᆞ야父의喪에客을致ᄒᆞᆷ의數郡이다至ᄒᆞ니吾ㅣ愛ᄒᆞ고重ᄒᆞ나汝曹로效ᄒᆞᆷ을願치안노라

效伯高不得이라도猶爲謹敕之士ㅣ니所謂刻鵠不成이면尙類鶩者也어니와效季良不得이면陷爲天下輕薄子ᄒᆞ리니所謂畵虎不成이면反類狗者也ㅣ니라

伯高를效ᄒᆞ야得치못ᄒᆞ더라도오히려謹敕의士가될지니謂ᄒᆞᆫ바鵠을刻ᄒᆞ야成치못ᄒᆞ면오히려鶩과類ᄒᆞ거니와季良을效ᄒᆞ야得치못ᄒᆞ면陷ᄒᆞ야天下의輕薄子가

될이니謂ᄒᆞᆫ바虎를畵ᄒᆞ야成치못ᄒᆞ면反히狗와類ᄒᆞ다ᄒᆞ노라

初에援이在交趾에常餌薏苡實ᄒᆞ야能輕身勝瘴氣ᄒᆞ고軍還에載之一車러니及卒後에有上書譖之者ᄒᆞ야以爲前所載還이皆明珠文犀라ᄒᆞ야ᄂᆞᆯ (犀南徼外獸爾雅註形似水牛猪頭二角一在頂一在鼻文犀即通天犀角上白縷直至端) 帝ㅣ怒ᄒᆞ니援의妻孥ㅣ惶懼ᄒᆞ야不敢以喪ᄒᆞ고還舊塋ᄒᆞ야稾葬城西ᄒᆞ다 (以上出援本傳稾葬猶言草葬草草其葬也)

初에援이交趾에在ᄒᆞᆷ의常이薏苡實을餌ᄒᆞ야能히身을輕히ᄒᆞ며瘴氣를勝ᄒᆞ고軍이還ᄒᆞᆷ의一車를載ᄒᆞ얏더니밋卒ᄒᆞᆫ後에上書ᄒᆞ야譖ᄒᆞᄂᆞᆫ者ㅣ有ᄒᆞ야써ᄒᆞ되前에載ᄒᆞ고還ᄒᆞᆫ바이다明珠와文犀라ᄒᆞ야ᄂᆞᆯ帝ㅣ怒ᄒᆞ니援의妻孥가惶懼ᄒᆞ야敢히써喪치못ᄒᆞ고舊塋에還ᄒᆞ야城西에稾葬ᄒᆞ다

(庚戌)二十六年이라初作壽陵ᄒᆞ실서帝曰古者帝王之葬에皆陶人瓦器木車茅馬ᄒᆞ야使後世之人으로不知其處ᄒᆞ니今所制地ᄂᆞᆫ不過二三頃ᄒᆞ고無爲山陵波池ᄒᆞ야裁令流水而已ᄒᆞ야 (顔之推曰波池當讀如坡陀猶言靡陀耳言不得高作山陵但令小隆起坡陀然裁得流水潦耳今讀者謂爲波池令須流水誤矣裁令僅令也) 使迭興之後에與丘隴同體케ᄒᆞ라 (出本紀王)

氏曰丘小山也隴大阪也謂異時易姓受命之後庸使陵墓與丘隴之形體無別也

二十六年이라初로壽陵를作홀ᄉᆡ帝ㅣ曰古者帝王의葬에다陶人과瓦器와木車와茅馬로ᄒᆞ야後世의人으로ᄒᆞ야곰그處를知치못ᄒᆞ얏스니今에制ᄒᆞᆫ바地는二三頃에過치안코山陵波池를ᄒᆞ지마라겨우ᄒᆞ야곰水를流홀다름으로ᄒᆞ야하야곰迭興의後에丘隴으로더브러體를同케ᄒᆞ라

(辛亥)二十七年이라北凶奴ㅣ遣使詣武威ᄒᆞ야求和親이어ᄂᆞᆯ帝ㅣ召公卿ᄒᆞ야廷議호니不決이러니皇太子ㅣ言曰南單于ㅣ新附而反ᄒᆞ야交通北虜ᄒᆞ니臣은恐南單于ㅣ將有二心일ᄉᆞᄒᆞ노이다帝ㅣ然之ᄒᆞ야詔武威太守ᄒᆞ야勿受其使ᄒᆞ다(出匈奴傳)臧宮馬武ㅣ上書曰凶奴ㅣ貪利ᄒᆞ고無有禮信ᄒᆞ야窮則稽首ᄒᆞ고安則侵盜ᄒᆞ니今에人畜이疫死ᄒᆞ고旱蝗赤地ᄒᆞ야(空盡無物曰赤言在地之物皆盡也)疲困乏力ᄒᆞ야不當中國一郡이니今命將臨塞ᄒᆞ야厚縣購賞이면北虜之滅이不過數年이리다詔報曰黃石公記에曰柔能制剛ᄒᆞ며弱能制彊ᄒᆞ며舍近謀遠者는勞而無功ᄒᆞ고舍遠謀近者

는 逸而有終이라 故曰務廣地者는 荒ᄒᆞ고 務廣德者는 彊이라ᄒᆞ니 今國無
善政ᄒᆞ야 災變不息이어ᄂᆞᆯ 而復欲遠事邊外乎아 誠能擧天下之
半ᄒᆞ야 以滅大寇ㅣ 豈非至願이리오마ᄂᆞᆫ 苟非其時면 不如息民이라ᄒᆞ니 自
是로 諸將이 莫敢復言兵事者러라 出宮傳

二十七年이라北匈奴ㅣ使ᄅᆞᆯ遣ᄒᆞ야武威에詣ᄒᆞ야和親을求ᄒᆞ거ᄂᆞᆯ帝ㅣ公卿을召ᄒᆞ야廷에셔議호ᄃᆡ決치못ᄒᆞᄂᆞᆫ지라皇太子ㅣ言ᄒᆞ야曰南單于ㅣ新히附ᄒᆞ얏다가反ᄒᆞ야北虜ᄅᆞᆯ交通ᄒᆞ니臣은恐컨ᄃᆡ南單于ㅣ장ᄎᆞᆺ二心有ᄒᆞᆯ가ᄒᆞᄂᆞ니다帝ㅣ然히여겨武威太守에게詔ᄒᆞ야그使ᄅᆞᆯ受치말나ᄒᆞ다臧宮馬武ㅣ上書ᄒᆞ야曰匈奴ㅣ利ᄅᆞᆯ貪ᄒᆞ야禮信이有ᄒᆞᆷ이無ᄒᆞᆫ지라窮ᄒᆞᆫ則首ᄅᆞᆯ稽ᄒᆞ고安ᄒᆞᆫ則侵ᄒᆞ야盜ᄒᆞᄂᆞ니今에人畜이疫死ᄒᆞ고旱蝗ᄒᆞ고地가赤ᄒᆞ야疲困ᄒᆞ고乏力ᄒᆞ야中國의一郡을當치못ᄒᆞᆯ지니今에將을命ᄒᆞ야塞에臨ᄒᆞ야厚히購賞을縣ᄒᆞ면北虜의滅이數年에過치안ᄒᆞ리이다詔ᄒᆞ야報ᄒᆞ야曰黃石公記에曰柔가能히剛을制ᄒᆞ며弱이能히彊을制ᄒᆞᆫ다ᄒᆞ며近을舍ᄒᆞ고遠을謀ᄒᆞᄂᆞᆫ者ᄂᆞᆫ勞ᄒᆞ나功이無ᄒᆞ고遠을舍ᄒᆞ고近을謀ᄒᆞᄂᆞᆫ者ᄂᆞᆫ逸ᄒᆞ야終이有ᄒᆞᆫ지라고로曰廣地ᄅᆞᆯ務ᄒᆞᄂᆞᆫ者ᄂᆞᆫ荒ᄒᆞ고廣德을務ᄒᆞᄂᆞᆫ者ᄂᆞᆫ彊이라ᄒᆞ니今에國이善政이無ᄒᆞ야灾變이息치아니ᄒᆞ거ᄂᆞᆯ다시遠히邊外ᄅᆞᆯ事코져ᄒᆞ랴진

실로能히天下의半을擧ᄒᆞ야써大寇를滅ᄒᆞᆷ이엇지至願이아니리오마ᄂᆞᆫ진실로그時가아닐진ᄃᆡ民을息ᄒᆞᆷ만갓지못ᄒᆞ다ᄒᆞ니이로브터諸將이감히다시兵事를言치못ᄒᆞ더라

(壬子)二十八年이라 以博士桓榮으로 爲太子少傅ᄒᆞ야 賜以輜車乘馬ᄒᆞ니 榮이 大會諸生ᄒᆞ고 陳其車馬印綬曰今日所蒙이 稽古之力也라ᄒᆞ더라

二十八年이라博士桓榮으로써太子少傅를삼아輜車와乘馬로써賜ᄒᆞ니榮이크게諸生을會ᄒᆞ고其車馬와印綬를陳ᄒᆞ고曰今日의蒙ᄒᆞᄂᆞᆫ바ㅣ稽古의力이라ᄒᆞ더라

(甲寅)三十年이라 車駕ㅣ東巡ᄒᆞ니 羣臣이 上言ᄒᆞ되 即位三十年에 宜封禪泰山이라ᄒᆞ야ᄂᆞᆯ 詔曰即位三十年에 百姓이 怨氣滿腹ᄒᆞ니 吾誰欺오리 欺天乎아 曾謂泰山이 不如林放乎아ᄒᆞ니 何事汙七十二代之編錄이리오 於是에 群臣이 不敢復言이러라 出祭祀志

三十年이라車駕ㅣ東으로巡ᄒᆞ니羣臣이言을上호대即位三十年에泰山에禪封ᄒᆞᆷ이宜ᄒᆞ다ᄒᆞ야ᄂᆞᆯ詔ᄒᆞ야曰即位三十年에百姓이怨氣가腹에滿ᄒᆞ니吾가誰를欺ᄒᆞ리오天를欺ᄒᆞᆯ가曾히謂호대泰山이林放만不如ᄒᆞᆫ가ᄒᆞ니엇지七十二代의編錄

을汙ᄒᆞ기를事ᄒᆞ리오이에羣臣이敢히다시言치못ᄒᆞ더라

(乙卯)三十一年이라京兆掾第五倫이(第五複姓倫其名也本出於齊田之後田氏徙園陵者多故以次第爲氏)領長安市ᄒᆞ야(長安縣司市也)公平廉介ᄒᆞ니市無奸枉이라每讀詔書에常歎息曰此는聖主也라一見決矣라ᄒᆞ더라

三十一年이라京兆掾第五倫이長安市를領ᄒᆞ야公平ᄒᆞ고廉介ᄒᆞ니市에奸枉이無ᄒᆞᆫ지라미양詔書를讀ᄒᆞᆷ의일즉歎息ᄒᆞ야曰이는聖主라一見에可히決ᄒᆞᆫ다ᄒᆞ더라

(丙辰)中元元年이라上이讀河圖러니會昌符에曰赤劉之九會命岱宗이라ᄒᆞ야ᄂᆞᆯ上이感此文ᄒᆞ야乃詔梁松等ᄒᆞ야按索河洛讖文ᄒᆞ니言九世에當封禪者ㅣ三十六事라ᄒᆞ야ᄂᆞᆯ於是에張純等이復奏請封禪ᄒᆞ니上이乃許焉ᄒᆞ고登山ᄒᆞ야以璽로親封玉牒檢ᄒᆞ다(出郊祀志)

中元元年이라上이河圖를讀ᄒᆞ더니會에昌符에曰赤劉의九에岱宗에會ᄒᆞ라命ᄒᆞᆫ다ᄒᆞ야ᄂᆞᆯ上이이文을感ᄒᆞ야이에梁松等을詔ᄒᆞ야河洛讖文을按索ᄒᆞ니言ᄒᆞ되九世에封禪ᄒᆞᆯ者ㅣ三十六事라ᄒᆞ얏거ᄂᆞᆯ이에張純等이다시奏ᄒᆞ야封禪을請ᄒᆞ니上이이에許ᄒᆞ고山에登ᄒᆞ야璽로써친이玉牒檢으로封ᄒᆞ다

(赤草)日生一葉至十五日以後日落一葉周始而復

京師에醴泉이湧出ᄒᆞ고又有赤草ㅣ生於水涯ᄒᆞ고郡國이頻上甘
露어ᄂᆞᆯ群臣이奏言ᄒᆞ되靈物이仍降ᄒᆞ니宜令太史로撰集ᄒᆞ야以博來世
ᄒᆞ라ᄒᆞ야ᄂᆞᆯ帝ㅣ不納ᄒᆞ고常自謙無德ᄒᆞ고群國所上을輒抑而不當故로史
官이罕得記焉이러라 出本傳

京師에醴泉이湧出ᄒᆞ고또赤草가有ᄒᆞ야水涯에生ᄒᆞ고郡國이자조甘露를上ᄒᆞ거
ᄂᆞᆯ群臣이言을奏ᄒᆞ되靈物이이에降ᄒᆞ니맛당히太史로ᄒᆞ야곰撰集ᄒᆞ야써來世를
博ᄒᆞ라ᄒᆞ야ᄂᆞᆯ帝ㅣ納지안코항상스ᄉᆞ로無德을謙ᄒᆞ고郡國의上ᄒᆞᄂᆞᆫ바를문득抑
ᄒᆞ고當치안는고로史官이記를得홈이罕ᄒᆞ더라

是歲에起靈臺明堂辟雍ᄒᆞ야宣布圖讖於天下ᄒᆞ다 出本紀

이해에靈臺와明堂과辟雍을起ᄒᆞ야圖讖을天下에宣布ᄒᆞ다

帝ㅣ以赤伏符로卽位ᄒᆞ야由是로信用讖文ᄒᆞ고多以決定嫌疑어ᄂᆞᆯ
桓譚이上疏極言讖之非經ᄒᆞ니帝ㅣ大怒曰桓譚이非聖無法ᄒᆞ니
將下斬之ᄒᆞ라譚이叩頭流血이어ᄂᆞᆯ良久에乃解ᄒᆞ야出爲六安丞ᄒᆞ다 出本紀

帝ㅣ赤伏符로써位에卽ᄒᆞ야是로由ᄒᆞ야讖文을信用ᄒᆞ고써嫌疑를만히決ᄒᆞ니桓

譚이疏를上ᄒᆞ야極히讖의非經임을言ᄒᆞ니帝ㅣ大怒ᄒᆞ야曰桓譚이聖을非ᄒᆞ야法
이無ᄒᆞ니將이下ᄒᆞ야斬ᄒᆞ라譚이頭를叩ᄒᆞ고血을流ᄒᆞ거ᄂᆞᆯ良久에이에解를得ᄒᆞ
야出ᄒᆞ야六安丞이되다

(丁巳)二年이라二月에帝ㅣ崩ᄒᆞ니年이六十二ㅣ라帝ㅣ每旦에視朝ᄒᆞ고
日昃에乃罷ᄒᆞ야數引公卿郎將ᄒᆞ야講論經理ᄒᆞ고夜分에乃寢ᄒᆞ니皇
太子ㅣ見帝勤勞不怠ᄒᆞ고乘間諫曰陛下ㅣ有禹湯之明而失
黃老養性之福ᄒᆞ시니願頤愛精神ᄒᆞ야優游自寧ᄒᆞ소셔帝ㅣ曰我ㅣ自
樂ᄒᆞ니此不爲疲也ㅣ라雖以征伐로濟大業이나及天下既定에乃退
功臣而進文吏ᄒᆞ야明愼政體ᄒᆞ며總攬權綱ᄒᆞ고量時度力ᄒᆞ야擧無
過事故로能恢復前烈ᄒᆞ야身致太平이라ᄒᆞ더라 出本紀

二年이라二月에帝ㅣ崩ᄒᆞ니年이六十二라帝ㅣ每旦에朝를視ᄒᆞ고日昃에이에罷
ᄒᆞ야자조公卿과郎將을引ᄒᆞ야經理를講論ᄒᆞ고夜分에이에寢ᄒᆞ니皇太子ㅣ帝의勤
勞ᄒᆞ야不怠ᄒᆞᆷ을見ᄒᆞ고間을乘ᄒᆞ야諫ᄒᆞ야曰陛下ㅣ禹湯의明이有ᄒᆞ되黃老養性
의福을失ᄒᆞ시니願컨ᄃᆡ精神을頤愛ᄒᆞ야優游ᄒᆞ야自養ᄒᆞ소셔帝ㅣ曰我ㅣ自樂ᄒᆞ

니이것이疲ᄒᆞ지안로라비록征伐로써大業을濟ᄒᆞ나밋天下ㅣ임의定ᄒᆞᆷ이이에功臣을退ᄒᆞ고文吏를進ᄒᆞ야政體를明愼ᄒᆞ며權綱을總攬ᄒᆞ고時를量ᄒᆞ고力을度ᄒᆞ야擧에過事가無ᄒᆞᆫ고로能히前烈을恢復ᄒᆞ야身이太平에致ᄒᆞᆫ다ᄒᆞ더라

太子ㅣ卽皇帝位ᄒᆞ다

太子ㅣ皇帝位에卽ᄒᆞ다

漢書循吏叙에 曰光武ㅣ長於民間ᄒᆞ야 頗達情僞ᄒᆞ야 見稼穡艱難과 百姓病害라 至天下已定ᄒᆞ야 務用安靜ᄒᆞ야 解王莽之繁密ᄒᆞ고 還漢世之輕法ᄒᆞ며 身衣大練ᄒᆞ고 色無重綵ᄒᆞ며 耳不聽鄭衛之音ᄒᆞ고 手不持珠玉之玩ᄒᆞ며 宮房에 無私愛ᄒᆞ고 左右에 無偏恩ᄒᆞ고 其以手迹으로 賜方國者ㅣ 皆一札十行에 細書成文ᄒᆞ니 勤約之風이 行於上下故로 能內外ㅣ 匪懈ᄒᆞ며 百姓이 寬息이나 然이나 建武永平之間에 吏事刻深ᄒᆞ야 亟而謠言單辭로 轉易守長ᄒᆞ니 朱浮ㅣ 數上書諫而鍾離意ㅣ 亦規諷ᄒᆞ야 殷勤以長者로 爲言而不能得

也ㅣ所以中興之美ㅣ未盡焉이러라

漢書循吏傳叙에曰光武ㅣ民間에長ᄒᆞ야자못情僞를達ᄒᆞ야稼穡艱難과百姓病害를見ᄒᆞᆫ지라天下ㅣ입의定ᄒᆞᆷ의至ᄒᆞ야安靜을務用ᄒᆞ야王莽의繁密을解ᄒᆞ고漢世의輕法을還ᄒᆞ야身에大練을衣ᄒᆞ고色이重綵가無ᄒᆞ며耳로鄭衛의音을聽치아니ᄒᆞ고手에珠玉의玩을持치아니ᄒᆞ며宮房에私愛가無ᄒᆞ고左右에偏恩이無ᄒᆞ고그手迹으로써方國에賜ᄒᆞᆫ者ㅣ다一札十行에細히書ᄒᆞ야文을成ᄒᆞ니勤約의風이上下에行ᄒᆞᆫ고로能히內外가匪懈ᄒᆞ며百姓이寬息ᄒᆞ나然이나建武永平의間에吏가刻深을事ᄒᆞ야亟히謠言과單辭로써守長을轉易ᄒᆞ니朱浮ㅣ자조書를上ᄒᆞ야諫ᄒᆞ고鍾離意ㅣ또ᄒᆞᆫ規諷ᄒᆞ야殷勤이長者로써言을ᄒᆞ되能히得치못ᄒᆞ는지라이러ᄒᆞᆷ으로中興의美가盡치못ᄒᆞᆫ지라

照臨四方曰明

東平王蒼光武之子帝之兄也

後漢紀

顯宗孝明皇帝 名莊光武第四子 在位十八年 壽四十八 建武永平之政爲東都之稱首然鍾離意宋均之徒常以察慧爲言夫豈弘人之度未優乎

(戊午)永平元年이라東平王蒼이以爲中興三十餘年에四方이無虞ᄒᆞ니宜修禮樂이라ᄒᆞ야乃與公卿으로共議ᄒᆞ야定南北郊에冠冕車服制度와及光武廟에登歌八佾舞數ᄒᆞ야上之ᄒᆞ다 出本傳○朱子曰佾舞列也天子八諸侯六大夫四士二每佾人數如其佾數

東平王蒼이써中興ᄒᆞᆫ지三十餘年에四方이無虞ᄒᆞ니禮와樂을宜修ㅣ라ᄒᆞ야이에公卿으로더브러議ᄒᆞ야南北郊에冠冕車服制度와밋光武廟에八佾舞數로登歌ᄒᆞᆷ을定ᄒᆞ야上之ᄒᆞ다

(己未)二年이라春正月에宗祀光武於明堂ᄒᆞ고 夏曰世室商曰重屋周曰明堂後世皆因之明堂者所以明諸侯之尊重制禮作樂頒度量而天下服此古制也三輔黃圖云明堂者大道之堂所以順四時行月令宗祀先王祭五帝也 禮畢에登靈臺ᄒᆞ야望雲物ᄒᆞ다 出祭祀志○物物色也詩靈臺篇註天子有靈臺者所以觀祲象察氣之妖祥也文王受命而立靈臺春秋傳云公旣視朔遂登觀臺以望而書雲物爲備故也 三月에臨辟雍ᄒᆞ야初行

大祀禮ᄒᆞ다 辟雍註見前○王氏曰射禮惟天子爲備大射尤重天子射畢撤虎侯次諸侯射次卿大夫射各張其侯奏其樂詳見禮記射義 冬十月에上幸辟雍ᄒᆞ야 初行養老禮ᄒᆞᆯ서 記內則曰凡養老五帝憲三王有乞言註云憲法也五帝養之爲法其德行也有讀作又三王養之又從之求善言可施行也 以李躬으로爲三老ᄒᆞ고桓榮으로爲五更ᄒᆞ고 更工衡反鄭展曰漢直以三公爲三老大夫爲五更朱均曰三老老人知天地之事者五更老人知五行更代者劉攽刊誤云之事之字當作人言知天地人三才故謂之三老又謂老人更知三德五事者蔡邕以爲叟當作叟老人之稱也未詳孰是 禮畢에引桓榮及弟子ᄒᆞ야陞堂ᄒᆞ고上이自爲辨說ᄒᆞ니諸儒ㅣ執經問難於前ᄒᆞ고 難去聲謂擧所疑而難問也 冠帶縉紳之人이圜橋門而觀聽者ㅣ蓋億萬計러라 出儒林傳序○王氏曰辟雍四門外水圜繞以節觀者門外皆有橋觀者在水外故曰圜橋門 上이自爲太子로受尙書於桓榮이러니及卽帝位에도猶尊榮以師禮ᄒᆞ더라 出桓榮傳

春正月에明堂에光武을宗祀ᄒᆞ고禮을畢ᄒᆞᆷ의靈臺에登ᄒᆞ야雲物을望ᄒᆞ다三月에辟雍에臨ᄒᆞ야처음으로大祀禮을行ᄒᆞ다冬十月에上이辟雍에幸ᄒᆞ야처음으로養老禮을行ᄒᆞᆯ시李躬으로써三老을ᄉᆞᆷ고桓榮으로五更을ᄉᆞᆷ고禮을맛치미桓榮과밋弟子를잇그러堂에陞ᄒᆞ고上이스ᄉᆞ로辨說ᄒᆞ니諸儒ㅣ經을執ᄒᆞ고難을前의셔問ᄒᆞ고冠帶縉紳의人이橋門에圜ᄒᆞ야觀聽ᄒᆞᄂᆞᆫ者가되미億萬으로計할너라上이太子됨으로부터尙書을桓榮에게受ᄒᆞ얏더니밋帝位의卽ᄒᆞᆷ에도오히려榮을師禮

로써尊ᄒᆞ더라

(庚申)三年이라 立貴人馬氏ᄒᆞ야 爲皇后ᄒᆞ니 后ᄂᆞᆫ援之女也라 德冠後宮이러니 旣正位에 宮闈愈自謙肅ᄒᆞ고 好讀書러라 常衣大練ᄒᆞ며 裙不加緣ᄒᆞ니 朔望에 諸姬主ㅣ朝請ᄒᆞᆯ서 望見后袍衣疏麤ᄒᆞ고 以爲綺縠이라가 就視乃笑어ᄂᆞᆯ 后ㅣ日此繒이 特宜染色故로 用之耳라ᄒᆞ더라 (出馬后傳)

三年이라貴人馬氏을立ᄒᆞ야皇后을삼으니后ᄂᆞᆫ援의女이라德이後宮에冠ᄒᆞ더니位를임의正ᄒᆞᆷ宮闈더옥ᄉᆞᄉᆞ로謙肅ᄒᆞ고讀書하기를好ᄒᆞ더라大練을항상衣ᄒᆞ되裙의緣을加치안니ᄒᆞ니朔과望에모든姬와主ㅣ朝請ᄒᆞᆯ서后의袍衣가疏麤ᄒᆞᆷ을望見ᄒᆞ고써綺縠이라ᄒᆞ다가就視ᄒᆞ고이에笑ᄒᆞ거ᄂᆞᆯ后ㅣ글오ᄃᆡ이繒이特別이染色이宜한故로用ᄒᆞ노라

帝ㅣ思中興功臣ᄒᆞ야 乃圖畫二十八將於南宮雲臺ᄒᆞᆯ서 以鄧禹로爲首ᄒᆞ고 次ᄂᆞᆫ馬成吳漢王梁賈復陳俊耿弇杜茂寇恂傅俊岑彭堅鐔馮異王霸朱祐任光祭遵李忠景丹萬脩蓋延邳彤銚期劉植耿純臧宮馬武劉隆이오 又益以王常李通竇

(宮闈)宮中之門也 (大練)大帛即原繒也 (裙不加緣)緣衣純也

融卓茂ᄒᆞ야 合三十二人이오 (出馬武等傳) 馬援은 以椒房之親으로 獨不與焉ᄒᆞ다 (出馬援傳)

帝ㅣ中興功臣을思ᄒᆞ야이에二十八將을南宮雲臺의圖畵ᄒᆞᆯ시鄧禹로써首을삼고次ᄂᆞᆫ馬成과吳漢과王梁과賈復과陳俊과耿弇과杜茂와寇恂과傅俊과岑彭과堅鐔과馮異와王覇와朱祐와任光과祭遵과李忠과景丹과萬脩와蓋延과邳彤과銚期와劉植과耿純과臧宮과馬武와劉隆이오ᄯᅩ王常과李通과竇融과卓茂로써益ᄒᆞ야合三十二人이오馬援은椒房의親으로써홀노與치안타

鍾離意ㅣ薦全椒長劉平이어ᄂᆞᆯ 詔徵拜議郞ᄒᆞ다 平이 在全椒에 政有恩惠ᄒᆞ야 民이 或增貲就賦ᄒᆞ고 或減年從役ᄒᆞ니 太守行部에 獄無繫囚ᄒᆞ고 人自以得所ᄒᆞ니 不知所問ᄒᆞ야 唯班詔書而去ᄒᆞ더라 (出下傳)

鍾離意ㅣ全椒長劉平을薦ᄒᆞ거ᄂᆞᆯ詔로徵ᄒᆞ야議郞을拜ᄒᆞ다平이全椒의在ᄒᆞᆷ의政에恩惠가有ᄒᆞ야民이或貲를增ᄒᆞ야賦에就ᄒᆞ고年을減ᄒᆞ야役에從ᄒᆞ니太守ㅣ部에行ᄒᆞᆷ의獄에繫囚가無ᄒᆞ고人이스ᄉᆞ로써所를得ᄒᆞ니問ᄒᆞᆯ바를知치못ᄒᆞ야오쟉詔書만班ᄒᆞ고去ᄒᆞ더라

帝ㅣ性이褊察ᄒᆞ야 好以耳目隱發로 爲明ᄒᆞ니 (謂喜以耳目聞見間密地發人陰私爲明) 公卿大臣

이數被詆毁ᄒᆞ고近臣尙書以下ㅣ至見提曳ㅣ러라 提音底擲也曳羊例反拕也謂至見被提捉紐拽 嘗以事로怒郞藥崧ᄒᆞ야以杖으로撞之ᄒᆞᆫ대 撞徒降反郞官名掌宿衛姓藥名崧河內人 崧이走入床下어ᄂᆞᆯ帝ㅣ怒甚ᄒᆞ야疾言郞出ᄒᆞ니崧이乃曰天子ᄂᆞᆫ穆穆이오諸侯ᄂᆞᆫ皇皇ᄒᆞ니 記出曲禮文 未聞人君이自起撞郞키이다帝ㅣ乃赦之ᄒᆞ다是時에朝廷이莫不悚慄ᄒᆞ야爭爲嚴切ᄒᆞ야以避誅責호ᄃᆡ唯鍾離意ㅣ獨敢諫爭ᄒᆞ야數封還詔書ᄒᆞ고臣下過失을輒救解之러라

帝ㅣ性이褊察ᄒᆞ야耳目隱發로ᄡᅥ明ᄒᆞᆷ을조와ᄒᆞ니公卿大臣이자조詆毁를입고近臣과尙書以下ㅣ提曳를見ᄒᆞᆷ의至ᄒᆞ더라일즉이事로ᄡᅥ郞藥崧의게怒ᄒᆞ야杖으로ᄡᅥ撞ᄒᆞᆫᄃᆡ崧이走ᄒᆞ야床下로入ᄒᆞ거ᄂᆞᆯ帝ㅣ怒ᄒᆞᆷ이甚ᄒᆞ야郞아出ᄒᆞ라疾言ᄒᆞ니崧이乃曰天子ᄂᆞᆫ穆々이오諸侯ᄂᆞᆫ皇々ᄒᆞ니人君이스ᄉᆞ로起ᄒᆞ야郞을撞ᄒᆞᆷ은聞치못ᄒᆞ얏ᄂᆞ이다帝ㅣ이에赦ᄒᆞ다이ᄯᅢ에朝廷이悚慄치안이ᄒᆞᆯ이가업서々嚴切ᄒᆞᆷ을爭爲ᄒᆞ야ᄡᅥ誅責을避호ᄃᆡ오쟉鍾離意ㅣᄒᆞ올로敢히諫爭ᄒᆞ야자조詔書를封還ᄒᆞ고臣下의過失을문득救解ᄒᆞ더라

荊州刺史郭賀ㅣ官有殊政이어ᄂᆞᆯ上이賜以三公之服黼黻冕

(下記)下
去聲記散
命之書
(張捕)張
設也設爲
機穽以伺
鳥獸曰張

旒ᄒᆞ고 黼音甫黻音弗黼象斧形白與黑相次黻兩己相背黑與青相交 勅行部에 去襜帷ᄒᆞ야 昌艶反披聚也 使百姓으로 見其
容服ᄒᆞ야 以章有德ᄒᆞ다 出蔡茂傳
荊州刺史郭賀ㅣ官에 殊政이 有ᄒᆞ거ᄂᆞᆯ 上이 三公의 服黼黻冕旒로써 賜ᄒᆞ고 勅ᄒᆞ야
部에 行ᄒᆞᆷ의 襜帷ᄅᆞᆯ 去ᄒᆞ야 百姓으로ᄒᆞ야곰 그 容과 服을 見ᄒᆞ야 德이 有ᄒᆞᆷ을써 章ᄒᆞ
다
(甲子)七年이라 以海東相宋均으로 爲尚書令ᄒᆞ다 初에 均이 爲九江
太守ᄒᆞ야 五日一聽事ᄒᆞ고 悉省掾史ᄒᆞ고 閉督郵府ᄒᆞ니 督郵官名主諸縣罰負郵殿科攝之役漢有郡主簿亦曰
督郵隋以錄事叅軍代之掌句稽文簿擧彈善惡今閉其府門示無事也 府內屬縣이 無事ᄒᆞ고 百姓이 安業ᄒᆞ며 九江에
舊多虎暴ᄒᆞ야 常募設檻穽호ᄃᆡ 檻胡濫反穽才生反檻爲機以捕獸穽謂穿地陷之 而猶多傷害ᄂᆞᆯ 均이
下記屬縣曰夫江淮之有猛獸ᄂᆞᆫ 猶北土之有鷄豚也라 今
爲民害ᄂᆞᆫ 咎在殘吏ᄂᆞᆯ 而勞勤張捕ᄒᆞ니 非憂恤之本也며 其務
退姦貪ᄒᆞ며 思進忠善ᄒᆞ고 可一去檻穽ᄒᆞ고 除削課制ᄒᆞ라 其後에 無復
虎患이어ᄂᆞᆯ 帝聞均名故로 任以樞機ᄒᆞ다

七年이라東海相宋均으로써尙書令을삼다처음에均이九江太守가되야셔五日에한번事을聽ᄒᆞ고掾史을悉省ᄒᆞ고督郵府를閉ᄒᆞ니府內의屬縣이事가無ᄒᆞ고百姓이業을安ᄒᆞ더라九江이舊로虎暴가多ᄒᆞ야常히暮에檻穽을設ᄒᆞ되오히려傷害가多ᄒᆞ거늘均이屬縣에記을下ᄒᆞ야日무릇江淮의猛獸가有홈은北土의鷄豚이有홈과갓흔지라今에民에게害됨이咎가殘吏에게在ᄒᆞ거늘勞勦ᄒᆞ야捕ᄒᆞ기를張ᄒᆞ니憂恤의근본이아니니라그姦貪을退ᄒᆞ기를務ᄒᆞ며忠善을進ᄒᆞ기를思ᄒᆞ고可히한갈갓치檻穽을去ᄒᆞ고課制을除削ᄒᆞ라그뒤에다시虎患이無ᄒᆞ거늘帝가均의名을聞ᄒᆞᆫ故로樞機로써任ᄒᆞ다

(乙丑)八年이라匈奴ㅣ遣使求合市어늘上이冀其交通不復爲寇ᄒᆞ야許之ᄒᆞ고遣越騎司馬(越騎司馬越人內附以爲騎因以名官)鄭衆ᄒᆞ야使北匈奴ᄒᆞᆫᄃᆡ單于ㅣ欲令衆拜ᄒᆞ려니衆이不爲屈ᄒᆞ니單于ㅣ恐而止어늘乃發還京師ᄒᆞ다(出鄭衆傳)南匈奴ㅣ知漢이與北虜로交使ᄒᆞ고內懷嫌怨欲畔ᄒᆞ야密使人으로詣北虜ᄒᆞ야令遣兵迎之어늘鄭衆이出塞ᄒᆞ야得其使人ᄒᆞ고乃上言호ᄃᆡ宜更置大將ᄒᆞ야以防二虜交通이라ᄒᆞ니由是로始置度遼營ᄒᆞ다(度徒故反遼水在幽州之域謂出師當度遼水也)

八年이라匈奴ㅣ사신을遣ᄒᆞ야合市을求ᄒᆞ거ᄂᆞᆯ上이그交通ᄒᆞ야다시寇ᄒᆞ지아니하기를冀ᄒᆞ야許ᄒᆞ고越騎司馬鄭衆을遣ᄒᆞ야北匈奴에게使ᄒᆞᆫ디單于ㅣ衆으로하야곰拜코자ᄒᆞ더니衆이屈치아니ᄒᆞ니單于ㅣ恐ᄒᆞ야止ᄒᆞ거ᄂᆞᆯ이에發ᄒᆞ야京師에還ᄒᆞ다南匈奴ㅣ漢이北虜로與ᄒᆞ야交使ᄒᆞᆷ을知ᄒᆞ고안으로嫌怨을懷ᄒᆞ고畔코자ᄒᆞ야密히人으로ᄒᆞ야곰北虜에詣ᄒᆞ야ᄒᆞ야곰兵을遣ᄒᆞ야迎ᄒᆞ라ᄒᆞ거ᄂᆞᆯ鄭衆이塞에出ᄒᆞ야그使人을得ᄒᆞ고이에言을上ᄒᆞ되맛당이更히大將을置ᄒᆞ야써二虜에交通을防ᄒᆞ라ᄒᆞ니是로由ᄒᆞ야비로소度遼營을置ᄒᆞ다

初에帝ㅣ聞西域에有神ᄒᆞ니其名曰佛이라ᄒᆞ고因遣使之天竺ᄒᆞ야求其道ᄒᆞ고得其書及沙門以來ᄒᆞ니其書ㅣ大抵以虛無로爲宗ᄒᆞ고貴慈悲不殺ᄒᆞ고以爲人死에精神이不滅ᄒᆞ야隨復受形ᄒᆞ야生時所行善惡이皆有報應이라故로所貴는修鍊精神ᄒᆞ야以至爲佛이오善爲宏闊勝大之言ᄒᆞ야以勸誘愚俗ᄒᆞ야精於其道者을號曰沙門이라ᄒᆞ니於是에中國이始傳其術ᄒᆞ야圖其形像ᄒᆞ되而王公貴人에獨楚王英ㅣ最先好之ᄒᆞ더라 出西域傳文多不同

(天竺) 西域國名

楚王英 明帝兄也

처음에帝가西域에神이有홈을聞ᄒᆞ니그名은曰佛이라因ᄒᆞ야使을遣ᄒᆞ야天竺에之ᄒᆞ야그道을求ᄒᆞ고그書와밋沙門을得ᄒᆞ야來ᄒᆞ니그書ㅣ大抵虛無홈으로써宗을삼고慈悲ᄒᆞ야殺치안니홈을貴이여기고써ᄒᆞ되人이死홈의精神이滅치안니ᄒᆞ야隨ᄒᆞ야復히形을受ᄒᆞ야生時에行한바善과惡이다報應홈이有ᄒᆞᆫ지라故로貴한바는精神을修鍊ᄒᆞ야써佛이됨에至ᄒᆞ고宏闊ᄒᆞ고勝大ᄒᆞᆫ言을善히ᄒᆞ야써愚ᄒᆞᆫ俗을勸ᄒᆞ며誘ᄒᆞ야그道에精ᄒᆞᆫ者을號ᄒᆞ야갈오ᄃᆡ沙門이라ᄒᆞ니이에中國이비로소그術을傳ᄒᆞ야그形像을圖호ᄃᆡ王公과貴人에홀노楚王英이가장先ᄒᆞ야好ᄒᆞ더라

(丙寅)九年이라帝ㅣ崇尙儒學ᄒᆞ야自皇太子諸王侯로及大臣子弟功臣子孫히莫不受經ᄒᆞ고又爲外戚樊氏郭氏陰氏馬氏諸子ᄒᆞ야立學於南宮ᄒᆞ고號을四姓小侯라ᄒᆞ고(樊郭陰馬姓非列侯故曰小侯)**置五經師ᄒᆞ야搜選高能ᄒᆞ야以授其業ᄒᆞ고自期門羽林之士로悉令通孝經章句ᄒᆞ니匈奴ㅣ亦遣子入學ᄒᆞ다**(出儒林傳敍)

九年이라帝가儒學을崇尙ᄒᆞ야皇太子와諸王侯로부터大臣子弟와밋功臣子孫으로經을受치아니ᄒᆞ리가업고또外戚의樊氏와郭氏와陰氏와馬氏의諸子를위ᄒᆞ야南宮에學을立ᄒᆞ고號를四姓小侯라ᄒᆞ고五經에師를置ᄒᆞ야高ᄒᆞ고能ᄒᆞᆫ이를搜選

그業을授케ᄒᆞ고期門羽林의士로自ᄒᆞ야孝經章句를다ᄒᆞ야곰通케ᄒᆞ니匈奴ㅣ또
한子을遣ᄒᆞ야入學ᄒᆞ더라

(戊辰)十一年이라東平王蒼이來朝ᄒᆞ고月餘에還國ᄒᆞ어늘帝ㅣ遣使ᄒᆞ야手詔로賜東平國中ᄒᆞ야傳日向者에問東平王호ᄃᆡ處家에何事ㅣ最樂고ᄒᆞᆫᄃᆡ王이言爲善이最樂이라ᄒᆞ니其言이甚大ᄒᆞ다今送列侯印十九枚ᄒᆞ노니諸王子ㅣ年五歲已上이能趨拜者를皆令帶之ᄒᆞ라 本出傳

十一年이라東平王蒼이와셔朝ᄒᆞ고月餘에國에還ᄒᆞ거ᄂᆞᆯ帝ㅣ使를遣ᄒᆞ야手詔로東平國中에賜ᄒᆞ야傳ᄒᆞ야日向者에東平王의게問호ᄃᆡ家에處ᄒᆞᆷ이何事ㅣ最히樂ᄒᆞᆫ고ᄒᆞᆫᄃᆡ王이言ᄒᆞ되善을爲ᄒᆞᆷ이最樂이라ᄒᆞ니其言이甚히大ᄒᆞᆫ지라今에列侯의印十九枚를送ᄒᆞ노니諸王子에年이五歲已上이能히趨拜할者를다ᄒᆞ야곰帶케ᄒᆞ라

(乙巳)十二年이라是時에天下ㅣ安平ᄒᆞ야人無徭役ᄒᆞ고歲比登稔ᄒᆞ야百姓이殷富ᄒᆞ니粟이斛에三十이오牛羊이被野ᄒᆞ더라 本出紀

十二年이라이ᄣᅢ에天下ㅣ安平ᄒᆞ야人이徭役이無ᄒᆞ고歲가比ᄒᆞ야登稔ᄒᆞ야百姓이殷富ᄒᆞ니粟이斛에三十이오牛와羊이野에被ᄒᆞ더라

(粟斛)一斛三十文

(庚午)十三年이라 楚王英이 與方士로 造作圖書ᄒᆞ야 有逆謀어늘 廢
徙丹陽ᄒᆞ니 英이 自殺ᄒᆞ다 是時에 窮治楚獄ᄒᆞ야 至累年ᄒᆞ니 其辭語相連
ᄒᆞ야 自京師親戚諸侯州郡豪傑로 及考按吏阿附ᄒᆞ야 坐死徙者
ㅣ以千數오 而繫獄者ㅣ 尙數千人이라 是時에 上이 怒甚ᄒᆞ니 吏皆惶
恐ᄒᆞ야 諸所連及을 率一切陷入ᄒᆞ고 無敢以情恕者라 侍御史寒
朗이 心傷其寃ᄒᆞ야 上疏力言其無辜ᄒᆞᆫ대 帝意ㅣ解ᄒᆞ야 詔遣朗出ᄒᆞ고
後二日에 車駕ㅣ 自幸洛陽獄ᄒᆞ야 錄囚徒ᄒᆞ야 理出千餘人ᄒᆞ니 時에
天旱이라가 即大雨ᄒᆞ다 馬后ㅣ 亦以楚獄이 多濫으로 乘間爲帝言之ᄒᆞᆫ대
(間居莧反 閑隙之間) 帝ㅣ 惻然感悟ᄒᆞ고 夜起彷徨ᄒᆞ니 (彷步光反 徨胡光反 徘徊) 由是로 多所降宥ㅣ러라

十三年이라 楚王英이 方士로 더부러 圖書를 造作ᄒᆞ야 逆謀ㅣ 有ᄒᆞ거늘 廢ᄒᆞ야 丹陽
에 徙ᄒᆞ니 英이 自殺ᄒᆞ다 是時에 楚獄을 窮治ᄒᆞ야 累年에 至ᄒᆞ니 그 辭語ㅣ 서로 連ᄒᆞ
야 京師親戚과 諸侯와 州郡豪傑로 自ᄒᆞ야 考按吏에 及ᄒᆞ기 阿附ᄒᆞ야 死와 徙에 坐ᄒᆞᆫ
者ㅣ 千으로써 數ᄒᆞ고 獄에 繫ᄒᆞᆫ 者ㅣ 오히려 數千人이라 是時에 上이 怒ᄒᆞᆷ이 甚ᄒᆞ니
吏가 皆惶恐ᄒᆞ야 모든 連及ᄒᆞᆫ 바를 率히 一切이 陷入ᄒᆞ고 敢히 情으로써 恕ᄒᆞᆫ 者ㅣ 無

寒朗姓名也
(錄囚徒 錄省錄之書
彷徨不自安之貌

ᄒᆞᆫ지라侍御史寒朗이心에其冤ᄒᆞᆷ을傷히여겨疏를上ᄒᆞ야그無辜ᄒᆞᆷ을言ᄒᆞᆫᄃᆡ帝ㅣ意가解ᄒᆞ야詔ᄒᆞ야朗을遣出ᄒᆞ고後二日에車駕ㅣ스사로洛陽獄에幸ᄒᆞ야囚徒를錄ᄒᆞ야千餘人을理ᄒᆞ야出ᄒᆞ니時에天이旱이라가即히크게雨ᄒᆞ다馬后ㅣᄯᅩᄒᆞᆫ楚獄이多濫ᄒᆞᆷ으로ᄡᅥ間을乘ᄒᆞ야帝를爲ᄒᆞ야言ᄒᆞᆫᄃᆡ帝ㅣ惻然히感悟ᄒᆞ고夜에起ᄒᆞ야彷徨ᄒᆞ니이러ᄒᆞᆷ으로降宥ᄒᆞᆫ바ㅣ多ᄒᆞ더라

(辛未)十四年이라初에作壽陵ᄒᆞᆯᄉᆡ制令流水而已라ᄒᆞ다 預作陵墓曰壽陵制令勿起山陵但使小隆起可流泄水而已

十四年이라처음에壽陵을作ᄒᆞᆯᄉᆡᄒᆞ야곰流水ᄒᆞᆯ다름으로制ᄒᆞ다

(癸未)十六年이라耿秉이數請擊凶奴어ᄂᆞᆯ帝ㅣ從之ᄒᆞ다遣秉與竇固等ᄒᆞ야分道並出ᄒᆞ야伐北匈奴ᄒᆞᆯᄉᆡ固ㅣ獨有功이러라固ㅣ使假司馬班超와 假者權攝之義謂軍司馬之副也 與從事郭恂으로 從事大將軍之屬官也從事職叅謀議 俱使西域ᄒᆞᆯᄉᆡ超ㅣ行到鄯善ᄒᆞ니鄯善王廣이奉詔ᄒᆞ야禮敬甚備라가 鄯善註見前廣其王之名也 後에忽更疏懈어ᄂᆞᆯ超ㅣ謂其官屬曰此必有北虜使ㅣ來라明者ᄂᆞᆫ睹未萌이어ᄂᆞᆫ況已著耶아乃會其吏士三十六人曰不入虎穴이면安得虎

（于窴）西域國名

子ㅣ리오ᄒᆞ고 因夜ᄒᆞ야 以火로 攻虜營ᄒᆞ야 斬其使와 及從士三十餘級ᄒᆞ니
餘衆百許人이 悉燒死어늘 明日에 乃還召鄯善王廣ᄒᆞ야 以虜使
首로 示之ᄒᆞ니 一國이 震怖라 廣이 叩頭願屬漢ᄒᆞ야 無二心이라ᄒᆞ고 遂納
子爲質이어늘 還白竇固ᄒᆞᆫ대 固ㅣ 大喜ᄒᆞ야 具上超功效ᄒᆞ고 復使超 使
于窴ᄒᆞᆫ대 其王廣德이 降ᄒᆞ니 於是에 諸國이 皆遣子入侍ᄒᆞ니 西域이 與
漢오도 絶六十五載러니 至時에 乃復通焉ᄒᆞ다 （出西域傳序）

十六年이라耿秉이쟈쥬匈奴擊ᄒᆞ기를請ᄒᆞ거ᄂᆞᆯ帝ㅣ從ᄒᆞ다秉과다못竇固의等을
遣ᄒᆞ야道를分ᄒᆞ야並出ᄒᆞ야北凶奴을伐ᄒᆞᆯ식固ㅣ독히功이有ᄒᆞ더라固ㅣ假司馬
班超와다못從事郭恂으로ᄒᆞ야곰俱히西域에使ᄒᆞᆯ식超ㅣ鄯善에行到ᄒᆞ니鄯善王
廣이詔롤奉ᄒᆞ야禮와敬이甚히備ᄒᆞ다가後에홀연다시疎ᄒᆞ고懈ᄒᆞ거ᄂᆞᆯ超ㅣ그官
屬에게謂ᄒᆞ야曰此ㅣ반다시北虜의使ㅣ來ᄒᆞᆷ이有ᄒᆞᆷ이라明ᄒᆞᆫ자ᄂᆞᆫ未萌을睹ᄒᆞ거
든하믈며已著ᄒᆞᆫ것이랴이에그吏士三十六人을會ᄒᆞ야曰虎穴에入지아니ᄒᆞ면엇
지虎子를得ᄒᆞ리오ᄒᆞ고夜을因ᄒᆞ야火로써虜營을攻ᄒᆞ야其使와밋從士三十餘級
을斬ᄒᆞ니餘衆百許人이悉히燒死ᄒᆞ거ᄂᆞᆯ明日에이에鄯善王廣을還召ᄒᆞ야虜使에
首로써示ᄒᆞ니一國이震怖ᄒᆞᄂᆞᆫ지라廣이頭을叩ᄒᆞ며漢에屬기를願ᄒᆞ야二心이無

호겟다호고드듸여子를納호야質을삼거놀還호야賓固에게白호되國이大喜호야超의功效을具上호고復히超로호야곰于寘에使호되其王廣德이降호니이에諸國이다子를遣호야入侍호더라西域이漢으로더부러六十五載를絶호얏더니至時에이에다시通호다

北匈奴ㅣ大入雲中이어놀太守廉范이拒之홀서吏以衆少로欲移書傍郡求救어놀范이不許호고會日暮야놀范이令軍士로各交縛兩炬三頭호야爇火호니營中이星列이어놀 爇如劣反謂燒也 虜ㅣ謂漢兵이救至라호야大驚호야待旦將退어놀范이令軍中蓐食호고 謂早起就床蓐中食也王氏曰蓐只是軍行時所臥草蓐也 晨往赴之호야斬首數百級호니虜自相轔藉호야 轔良刃反藉慈夜反轔轢車踐也藉蹈藉也 死者ㅣ千餘人이라由此로不敢復向雲中이러라 出范傳

北匈奴ㅣ雲中에大入호거놀太守廉范이拒홀석吏ㅣ衆이少홈으로써書를傍郡에移호야救를求코자호거놀范이許치아니호고日暮홈을會호야范이軍士로호야곰各히兩炬에三頭를交縛호야火을爇호니營中이星을列호지라虜ㅣ謂호되漢兵이救至혼다호야크게驚호야旦를待호야장춧退호려호거놀范이軍中에令호야蓐食호고晨에往赴호야數百級을斬首호니虜ㅣ스사로서로轔藉호야死者ㅣ十餘人이

라此로由ᄒᆞ야敢히다시雲中을向치못ᄒᆞ더라

(甲戌)十七年이라益州刺史朱輔ㅣ宣示漢德ᄒᆞ야 威懷遠夷ᄒᆞ니自汶山以西로 汶山今成都路茂州是按輿地勝覽漢汶山郡古氐羌地秦漢時君長十數冉駹最大依山以居疊石爲室如浮圖然以梯上下貨藏于上人居其中畜圏于下漢武時請臣遂以冉駹爲汶山郡唐改茂州 前世所不至와正朔所未加의 白狼槃木等 白狼與槃木皆西南夷遠國多在水牛徼外 百餘國이皆擧種ᄒᆞ야稱臣奉貢ᄒᆞᆯ시白狼王唐菆ㅣ作詩三章ᄒᆞ야 菆將侯反 唐菆白狼王名 歌頌漢德이어ᄂᆞᆯ輔ㅣ使譯而獻之ᄒᆞ다

十七年이라益州刺史朱輔ㅣ漢德을宣示ᄒᆞ야威로遠夷를懷ᄒᆞ니汶山써西로自ᄒᆞ야前世에至치못ᄒᆞ든바와正朔이加치못ᄒᆞ든바의白狼槃木等百餘國이다種을擧ᄒᆞ야臣이라稱ᄒᆞ고貢을奉ᄒᆞᆯ시白狼王唐菆ㅣ詩三章을作ᄒᆞ야漢德을歌頌ᄒᆞ거ᄂᆞᆯ輔ㅣᄒᆞ야곰譯ᄒᆞ야獻ᄒᆞ다

竇固耿秉이 擊西域ᄒᆞ야 平車師ᄒᆞ고 復奏置西域都護와 及戊己校尉ᄒᆞ다

竇固와耿秉이西域을擊ᄒᆞ야車師를平ᄒᆞ고復奏ᄒᆞ야西域에都護와밋戊己校尉를置ᄒᆞ다

(乙亥)十八年이라北單于ㅣ遣左鹿蠡王ᄒᆞ야(鹿或作谷蠡音离即匈奴之官有左右鹿蠡王)率二萬騎ᄒᆞ야擊車師어ᄂᆞᆯ耿恭이以疏勒城傍에有澗水可固라ᄒᆞ야引兵據之ᄒᆞ니匈奴ㅣ擁絕澗水어ᄂᆞᆯ恭이於城中에穿井十五丈호ᄃᆡ不得水라吏士ㅣ渴乏ᄒᆞ야至笮馬糞而汁飲之ᄒᆞ니恭이身自率士輓籠ᄒᆞ니(輓無遠反籠力董反本傳云整衣服向井再拜爲吏士禱有頃水泉奔出)有頃에水泉이奔出이어ᄂᆞᆯ乃令吏士로揚水ᄒᆞ야以示虜ᄒᆞ니虜ㅣ出不意라以爲神明이라ᄒᆞ야遂引去ᄒᆞ다(出本傳)

十八年이라北單于ㅣ左鹿蠡王을遣ᄒᆞ야二萬騎를率ᄒᆞ야車師를擊ᄒᆞ거ᄂᆞᆯ耿恭이疏勒城傍에澗水ㅣ有ᄒᆞ야可히固ᄒᆞ리라ᄒᆞ야兵을引ᄒᆞ고據ᄒᆞ니匈奴ㅣ澗水를擁ᄒᆞ야絕ᄒᆞ거ᄂᆞᆯ恭이城中에井十五丈을穿ᄒᆞ되水를得지못ᄒᆞᆫ지라吏士가渴乏ᄒᆞ야馬糞을笮ᄒᆞ야汁을飲ᄒᆞ기에至ᄒᆞ거ᄂᆞᆯ恭이身으로스사로士를率ᄒᆞ야籠을輓ᄒᆞ니有頃에水泉이奔出ᄒᆞ거ᄂᆞᆯ이에吏士로ᄒᆞ야곰水를揚ᄒᆞ야써虜에게示ᄒᆞ니虜ㅣ不意에出ᄒᆞᆫ지라써ᄒᆞ되神明이라ᄒᆞ야드대여引去ᄒᆞ다

八月에帝ㅣ崩ᄒᆞ니年이四十八이라帝ㅣ遵奉建武制度ᄒᆞ야無所變更ᄒᆞ니后妃之家ㅣ不得封侯與政이라館陶公主ㅣ爲子求郎이어ᄂᆞᆯ(爲其子爲郎也)

不許ᄒᆞ고以賜錢十萬ᄒᆞ고謂群臣曰郎官은上應列宿ᄒᆞ고出宰百里ᄒᆞ니(郎位五星在太微中帝座東北周之元士漢之光祿中散諫議三署郎中是今之尙書郎中欲大小均耀光潤有之則吉所謂郎官上應列宿也)苟非其人이면則民受其殃이니是以로難之라ᄒᆞ노公車ㅣ以反支日에不受章奏ㅣ러니(百官志公車司馬一人掌南闕門凡吏章奏及四方貢獻皆由之潛夫論用月朔日爲正戌亥朔一日反支申酉朔二日反支午未朔三日反支辰巳朔四日反支寅卯朔五日反支子丑朔六日反支)帝ㅣ聞而怪之ᄒᆞ야曰民이廢農桑ᄒᆞ고遠來詣闕ᄒᆞ거늘而復拘以禁忌ᄒᆞ면豈爲政之意乎아於是에遂蠲其制ᄒᆞ니是以로吏得其人ᄒᆞ고民得其業ᄒᆞ야遠近이畏服ᄒᆞ고(本紀云吏稱其官民得其業遠近肅服)戶口ㅣ滋殖焉ᄒᆞ더라(出本紀殖常職反生也多也)太子ㅣ卽位ᄒᆞ니年十八이라

八月에帝ㅣ崩ᄒᆞ니年이四十八이라帝ㅣ建武制度를遵奉ᄒᆞ야變更ᄒᆞ는바이無ᄒᆞ니后妃의家ㅣ侯를封ᄒᆞ고政에與ᄒᆞ믈得지못ᄒᆞᆫ지라館陶公主ㅣ子를爲ᄒᆞ야郞을求ᄒᆞ거ᄂᆞᆯ許치아니ᄒᆞ고ᄡᅥ錢十萬을賜ᄒᆞ고羣臣더러謂ᄒᆞ야曰郞官은上으로列宿를應ᄒᆞ고出ᄒᆞ야百里에宰ᄒᆞ니진실노其人이아니면民이그殃을受ᄒᆞᄂᆞ니이로ᄡᅥ難ᄒᆞ다ᄒᆞ노라公車ㅣᄡᅥ反支의日에章奏를受치아니ᄒᆞ더니帝ㅣ聞ᄒᆞ고怪히너겨曰民이農桑을廢ᄒᆞ고遠히來ᄒᆞ야闕에詣ᄒᆞ거ᄂᆞᆯ禁忌로ᄡᅥ다시拘ᄒᆞ면엇지政을ᄒᆞ

리오이에드듸여그鐲ᄒᆞ니일업으로써吏가其人을得ᄒᆞ고民이其業을得ᄒᆞ야遠近이畏ᄒᆞ야服ᄒᆞ고戶口ㅣ滋殖ᄒᆞ더라太子ㅣ位에即ᄒᆞ니年이十八이러라

肅宗孝章皇帝 名恒明帝太子 在位十三年 壽三十一 厭明帝苛切每事務從寬 厚然寵任竇憲以啓外戚用權之漸此其所短也

(丙子)建初元年이라楊終이上疏曰間者에北征匈奴ᄒᆞ고西開三十六國ᄒᆞ니百姓이頻年服役에轉輸ㅣ煩費ᄒᆞ니愁困之民이足以感動天地라陛下ㅣ宜留念省察이니이다帝下其章ᄒᆞ니第五倫이亦同終議어늘牟融鮑昱이皆以爲孝子ᄂᆞᆫ無改父之道ᄒᆞᄂᆞ니征伐匈奴ᄒᆞ며屯戍西域은先帝所建이니不宜回異라ᄒᆞᆫ대終이復上疏曰秦이築長城에功役이繁興이어늘胡亥ㅣ不革ᄒᆞ야卒無四海故로孝元은棄珠厓之郡ᄒᆞ고光武ᄂᆞᆫ絕西域之國ᄒᆞ니不以介鱗으로易我衣裳이니이다帝從之ᄒᆞ다 出楊終傳

建初元年이라楊終이䟽를上ᄒᆞ야曰間者에北으로匈奴를征ᄒᆞ고西으로三十六國을開ᄒᆞ니百姓이자조히마다役에服ᄒᆞ야轉輸에費가煩ᄒᆞ니愁困ᄒᆞᆫ民이足히써天地에感動ᄒᆞᆯ지라陛下ㅣ맛당히留念ᄒᆞ고省察ᄒᆞᆯ것이니다帝ㅣ그章을下ᄒᆞ니第五倫이또ᄒᆞᆫ終의議와同ᄒᆞ거ᄂᆞᆯ牟融과鮑昱이다써ᄒᆞ되孝子ᄂᆞᆫ父에道를改ᄒᆞ미업ᄂᆞ니凶奴를征伐ᄒᆞ며西域에屯戍ᄒᆞᆷ은先帝의建ᄒᆞᆫ비이니맛당히回異치안을것이라ᄒᆞ되終이다시䟽를上ᄒᆞ야曰秦이長城을築ᄒᆞᆷ의功役이繁興ᄒᆞ거ᄂᆞᆯ胡亥ㅣ革지아니ᄒᆞ야맛참ᄂᆡ四海가無ᄒᆞ얏ᄂᆞᆫ故로孝元은珠厓의郡을棄ᄒᆞ고光武ᄂᆞᆫ西域의國을絕ᄒᆞ니介鱗으로써我의衣裳을易지아니ᄒᆞᆯ것이니다

丙寅에詔ᄒᆞ되二千石이勉勸農桑ᄒᆞ고罪ㅣ殊死어든(殊異也絕也言其身首異處也)須秋案驗ᄒᆞ고有司ㅣ明愼選擧ᄒᆞ야進柔良退貪猾ᄒᆞ며順時令理冤獄ᄒᆞ다(出本記)

是時에承永平故事ᄒᆞ야吏政이尙嚴切ᄒᆞ니尙書決事ㅣ率近於重이라尙書陳寵이以帝ㅣ新即位에宜改前世苛俗이라ᄒᆞ야(苛音柯細也急也)乃上䟽曰臣은聞先王之政이賞不僭ᄒᆞ며刑不濫이니與其不得已론寧僭無濫이라ᄒᆞ니往者에斷獄이嚴明은所以威懲姦慝이니(慝他德反惡也)姦慝既

平면이 必宜濟之以寬이라 夫爲政은 猶張琴瑟ᄒᆞ야 大絃이 急者ᄂᆞᆫ 小絃이 絶ᄒᆞᄂᆞ니 陛下ㅣ 宜隆先王之道ᄒᆞ사 蕩滌煩苛之法ᄒᆞ야 (滌徒歷反洗也) 輕薄箠楚ᄒᆞ야 以濟羣生ᄒᆞ고 (箠止蘂反謂鞭箠而苦楚也) 全廣至德ᄒᆞ야 以奉天心ᄒᆞ소서 帝ㅣ 深納寵言ᄒᆞ야 每事을 務於寬厚ᄒᆞ더라 (出陳寵傳)

丙寅에詔호ᄃᆡ二千石이農桑에勉勸ᄒᆞ고罪에殊死ᄒᆞ거든秋를須ᄒᆞ야案驗ᄒᆞ고有司ㅣ選擧홈이明히愼ᄒᆞ야柔良를進ᄒᆞ고貪猾를退ᄒᆞ며時令을順히ᄒᆞ며冤獄을理ᄒᆞ라잇ᄯᅢ에永平의故事를承ᄒᆞ야吏에政이嚴切홈을尙ᄒᆞ니尙書가事ㅣ을決홈이率히重에近ᄒᆞᆫ지라尙書陳寵이써帝가新히位에即홈이맛당히前世에苛俗을改ᄒᆞ리라ᄒᆞ야이에䟽를上ᄒᆞ야日臣은聞ᄒᆞ니先王의政이賞이僭치ᄒᆞ니ᄒᆞ며刑이濫치아니ᄒᆞ나더브러그不得己ᄒᆞ얀차라리僭ᄒᆞᆯ지언졍濫홈이업스라ᄒᆞ니往者에斷獄이嚴明홈은써威로姦慝을懲ᄒᆞᆫ바이니姦慝이임의平ᄒᆞ면반다시寬으로써濟홈이宜ᄒᆞᆫ지라무릇政을爲홈은琴瑟을張홈과猶ᄒᆞ야大絃이急ᄒᆞᆫ者ᄂᆞᆫ小絃이絶ᄒᆞ나니陛下맛당이先王에道를隆ᄒᆞ사煩苛에法을蕩滌ᄒᆞ야箠楚를輕薄히ᄒᆞ야써群生을濟ᄒᆞ고지극ᄒᆞᆫ德을全廣ᄒᆞ야써天心을奉ᄒᆞ소서帝ㅣ깁히寵의言을納ᄒᆞ야每事를寬厚홈을務ᄒᆞ더라

(丁丑)二年이라 太后兄衛尉馬廖ㅣ 慮美業難終ᄒᆞ야 上疏勸成德政曰夫改政移風은 必有其本이라傳에 曰吳王이 好劍客ᄒᆞ니 百姓이 多創瘢ᄒᆞ고 蒲官反○王氏曰吳王春秋吳公子光僭號稱王劍客謂專諸翟光者善客待之故百姓亦多以劍相擊刺而有創讀曰瘡刀所傷也瘢痕也 楚王이 好細腰ᄒᆞ니 宮中이 多餓死라 王氏曰楚王春秋楚靈王圍也楚國策莫敖子華對威王曰昔者先君靈王好小腰楚女約食憑而能立式而能起 長安이語曰城中이 好高結ᄒᆞ니 讀曰髻束髮也 四方이 高一尺이오 城中이 好廣眉ᄒᆞ니 四方이 且半額이오 城中이 好大袖ᄒᆞ니 四方이 全匹帛이라ᄒᆞ니 王氏曰古者製帛長丈八尺曰匹言城外四方皆效爲大袖將費帛全匹也 斯言이 如戲나 有切事實이니다 太后ㅣ 深納之ᄒᆞ다 出馬廖傳

二年이라太后에兄衛尉馬廖ㅣ美業이終ᄒᆞ기難홈가慮ᄒᆞ야䟽를上ᄒᆞ야德政을勸成ᄒᆞ야曰무릇政을改ᄒᆞ고風을移홈은반다시其本이有ᄒᆞᆫ지라傳에曰吳王이劍客을好ᄒᆞ니百姓이創瘢이多ᄒᆞ고楚王이細腰을好ᄒᆞ니宮中이餓死가多ᄒᆞᆫ지라長安이語ᄒᆞ야曰城中이高結을好ᄒᆞ니四方이高가一尺이오城中이廣眉를好ᄒᆞ니四方이또半額이오城中이大袖를好ᄒᆞ니四方이匹帛을全히ᄒᆞᆫ다ᄒᆞ니斯言이戲홈갓트나事實에切홈이有ᄒᆞ니이다大后깁히納ᄒᆞ다

第五倫이 上疏曰光武ㅣ 承王莽之餘ᄒᆞ야 頗以嚴猛으로 爲政ᄒᆞ니 後

代에因之ᄒᆞ야 逐成風化라 郡國所擧ㅣ 類多辨職俗吏오 殊未有寬博之選으로 以應上求者也라 秦以酷急으로 亡國ᄒᆞ고 王莽이 亦以苛法으로 自滅ᄒᆞ니 故로 勤々懇々이 寔在於此니이다 上이 善之ᄒᆞ더니 倫이 雖天性이 峭直이나 然이나 常疾吏苛刻ᄒᆞ야 論議ㅣ 每依寬厚云이러라 出本傳

第五倫이 疏를 上ᄒᆞ야 曰光武ㅣ 王莽에 餘를 承ᄒᆞ야 자못 嚴猛ᄒᆞᆷ으로써 政을 ᄒᆞ니 後代에 因ᄒᆞ야 드듸여 風化를 成ᄒᆞᆫ지라 郡國에 擧ᄒᆞᆫ바 辨職俗吏가 頗多ᄒᆞ고 사못 寬博에 選으로써 上에 求ᄒᆞᄂᆞᆫ者를 應ᄒᆞᆷ이 未有ᄒᆞᆫ지라 秦이 酷急으로써 國을 亡ᄒᆞ고 王莽이 또한 苛法으로써 스ᄉᆞ로 滅ᄒᆞ니 故로 勤勤懇々ᄒᆞᆷ이 이 此에 在ᄒᆞᆯ것이니 上이 善라ᄒᆞ더라 倫이 비록 天性이 峭直ᄒᆞ나 然이나 항상 吏에 苛刻ᄒᆞᆷ을 疾ᄒᆞ야 論議가 미양 寬厚를 依ᄒᆞ다 云ᄒᆞ더라

(己卯)四年이라 校書郎楊終이 建言ᄒᆞ되 宣帝ㅣ 博徵羣儒ᄒᆞ야 論定五經於石渠閣ᄒᆞ니 方今天下ㅣ 小事라 學者ㅣ 得成其業이어ᄂᆞᆯ 而章句之徒ㅣ 意斷處曰章言斷處曰句言其專於分節曰句之學也 破壞大體ᄒᆞ니 宜加石渠故事ᄒᆞ야 三輔黃圖云石渠閣在未央殿北以藏秘書其下礱石爲渠以導水如今之御溝因以名閣也事見宣帝甘露三年 永爲後世則ᄒᆞ야지이다 帝從之ᄒᆞ야 詔 出本傳

(詔太常)目句於此也

(襦短衣)袴脛衣

太常ᄒᆞ야 博士郎官과 及諸儒를 會白虎觀ᄒᆞ야 (白虎觀在北宮) 議五經同異ᄒᆞᆯ시 帝ㅣ親稱制臨決ᄒᆞ고 (稱制卽制曰是巳自臨視其論議而斷决可否) 作白虎議奏ᄒᆞ니 (今白虎通是也山堂考索曰白虎議奏凡四十篇今所存本乃四十四卷篇首於爵終於嫁娶) 名儒丁鴻樓望成封桓郁班固賈逵와 及廣平王羨이 皆與焉이러라 (出本記)

四年이라 校書郞楊終이 言을 建ᄒᆞᄃᆡ 宣帝ㅣ 널니 羣儒를 徵ᄒᆞ야 五經을 石渠閣에셔 論定ᄒᆞ니 方今에 天下의 事ㅣ 小ᄒᆞᆫ지라 學者ㅣ 其業을 得成ᄒᆞᆯ깃거ᄂᆞᆯ 章句에 무리가 大體를 破壞ᄒᆞ니 맛당히 石渠故事를 加ᄒᆞ야 길이 後世에 법을 ᄒᆞ야지이다 帝ㅣ 從ᄒᆞ야 太常을 詔ᄒᆞ야 博士와 郞官과 밋 諸儒를 白虎觀에 會ᄒᆞ야 五經에 同과 異를 議ᄒᆞᆯ시 帝ㅣ 親히 制ㄹ 稱ᄒᆞ야 臨決ᄒᆞ고 白虎議奏을 作ᄒᆞ니 名儒丁鴻과 樓望과 成封과 桓郁과 班固와 賈逵와 밋 廣平王羨이 다 與ᄒᆞ더라

(辛巳)六年이라 廉范이 遷蜀郡太守ᄒᆞ다 成都民物이 豊盛ᄒᆞ야 邑宇ㅣ 逼側이라 舊制에 禁民夜作ᄒᆞ야 以防火災러니 范이 乃毁削先令ᄒᆞ고 但嚴使儲水而已ᄒᆞ니 百姓이 以爲便ᄒᆞ야 歌之曰廉叔度ㅣ 來何暮오 不禁火ᄒᆞ니 民安作이로다 (作則護以) 昔無襦러니 今五袴로다 (襦汝朱反袴苦故反出范本傳)

六年이라廉范이蜀郡太守로遷ᄒᆞ다成都에民과物이豊ᄒᆞ고盛ᄒᆞ야邑宇ㅣ逼側ᄒᆞᆫ지라예制에民의夜作ᄒᆞᆷ을禁ᄒᆞ야써火災를防ᄒᆞ더니范이이에先令을毀削ᄒᆞ고다만嚴히ᄒᆞ야곰儲水ᄒᆞᆯᄯᆞᄅᆞᆷ으로ᄒᆞ니百姓이써便ᄒᆞ다ᄒᆞ야歌ᄒᆞ야曰廉叔度ㅣ來ᄒᆞᆷ이엇지暮ᄒᆞᆫ고火를禁치안니ᄒᆞ니民이安을作ᄒᆞᄂᆞᆫ도다昔에襦ㅣ無ᄒᆞ더니今에袴ㅣ五로다

周紆ㅣ(遌俱反 或作紆)爲雒陽令ᄒᆞ야下車에先問大姓主名ᄒᆞ니吏數問里豪强ᄒᆞ야以對어ᄂᆞᆯ紆ㅣ厲聲怒曰本問貴戚이若馬竇等輩어ᄂᆞᆯ豈能知比賣菜傭乎아於是에部吏ㅣ望風旨ᄒᆞ야爭以激切로爲事ᄒᆞ니貴戚이跼蹐ᄒᆞ야(跼渠六反蹐資昔反跼曲也蹐累足也詩箋云跼蹐者謂天高而有雷霆地厚而有陷淪上下皆可畏怖也)京師ㅣ肅淸ᄒᆞ더라

周紆ㅣ雒陽令이되야車를下ᄒᆞᆷ에先히大姓主名을問ᄒᆞ니吏ㅣ閭里에豪傑를數ᄒᆞ야써對ᄒᆞ거ᄂᆞᆯ紆ㅣ聲을厲ᄒᆞ야怒ᄒᆞ야曰本히貴戚에馬竇等輩를問ᄒᆞᆷ이어ᄂᆞᆯ엇지ᄂᆞᆼ히이賣菜傭을知ᄒᆞᆯ가보냐이에吏部가風旨를望ᄒᆞ야爭ᄒᆞ야激切로써事를ᄒᆞ니貴戚이跼蹐ᄒᆞ야京師ㅣ肅淸ᄒᆞ더라

(癸未)八年이라中郞將竇憲이恃宮掖之勢ᄒᆞ야以賤直으로請奪沁水公主園田이라가(沁水公主明帝女也沁水在懷州北源出上黨羊頭山)發覺ᄒᆞ니帝ㅣ大怒ᄒᆞ야召憲切責

曰深思前過ᄒᆞ라 奪主田園時에 何用愈趙高에 持鹿爲馬乎아
久念컨ᄃᆡᆫ 使人驚怖ᄒᆞ도다 國家ㅣ 棄憲을 如孤雛腐鼠耳라ᄒᆞ니 憲이 大懼
어ᄂᆞᆯ 皇后ㅣ 爲毁服深謝ᄒᆞ니 良久에 乃得解ᄒᆞ다

八年이라 中郎將竇憲이 宮掖에 勢를 恃ᄒᆞ야 賤直으로써 沁水公主의 園田을 奪ᄒᆞ기
를 請ᄒᆞ다가 發覺한지라 帝ㅣ 크게 怒ᄒᆞ야 憲을 召ᄒᆞ야 切責ᄒᆞ야 曰 깁히 前過를 思ᄒᆞ
라 主의 田園을 奪ᄒᆞᆯ 時에 엇지써 趙高의 鹿을 指ᄒᆞ야 馬라 ᄒᆞᆷ과 愈ᄒᆞᆯ새 보냐 久히 念컨
ᄃᆡᆫ 人으로ᄒᆞ야곰 驚怖ᄒᆞ도다 國家ㅣ 憲을 棄ᄒᆞᆷ을 孤雛와 腐鼠와 如ᄒᆞ니라 憲이 크게
懼ᄒᆞ거ᄂᆞᆯ 皇后ㅣ 毁服ᄒᆞ야 깁피 謝ᄒᆞ니 良久에 이에 解ᄒᆞᆷ을 得ᄒᆞ다

(甲申)元和元年이라 陳事者ㅣ 多言ᄒᆞ되 郡國貢擧ㅣ 率非功次故
로 守職이 益懈而吏事ㅣ 寢疏ᄒᆞ니 咎在州郡이니이다 有詔下公卿朝
臣議ᄒᆞ니 大鴻臚韋彪ㅣ 上議曰 夫國은 以簡賢으로 爲務ᄒᆞ고 賢은 以
孝行으로 爲首ᄒᆞᄂᆞ니 是以로 求忠臣인ᄃᆡᆫ 必於孝子之門이라ᄒᆞ니 夫人才行
이 小能相兼이니 是以로 孟公綽이 優於趙魏老ᄒᆞ되 不可以爲滕薛
大夫ᄒᆞ니라 忠孝之人은 持心이 近厚ᄒᆞ고 鍛鍊議吏ᄂᆞᆫ (鍛丁貫反鍊郎甸反猶成熟也) 持心이

鍛鍊猶成熟也

近薄ᄒᆞ야士ㅣ宜以才行으로爲先이오不可純以閥閱이니 (閥房越反 閱欲雪反) 然이나其要歸ㅣ在於選二千石이니二千石이賢則貢擧ㅣ皆得其人矣리니다

元和元年이라陳事者ㅣ多히言ᄒᆞᄃᆡ郡國에貢擧홈이率히功次가안인故로職을守홈이더욱懈ᄒᆞ며吏事ㅣ寢踈ᄒᆞᄂᆞᆫ咎ㅣ州郡에在ᄒᆞ니이다詔가有ᄒᆞ야公卿과朝臣의게下ᄒᆞ야議ᄒᆞ니大鴻臚韋彪ㅣ議를上ᄒᆞ야日무릇國은賢을簡홈으로써務를삼고賢은孝行으로써首를삼으니이럼으로써忠臣을求홀진ᄃᆡ반다시孝子에門이라ᄒᆞᄃᆡ저人에才行이能히相兼홈이少ᄒᆞᄂᆞ니이럼으로써孟公綽이趙魏에老되기ᄂᆞᆫ優ᄒᆞᄃᆡ可以써滕薛의大夫ᄂᆞᆫ되지못하리라ᄒᆞ니忠孝에人은心을持홈이厚에近ᄒᆞ고鍛鍊에吏ᄂᆞᆫ心을持홈이薄에近ᄒᆞ니士ㅣ맛당히才行으로써先을삼을것이오純히閥閱로써홈이可치못ᄒᆞ나그러나그要의歸홈이二千石이選홈의在ᄒᆞ니二千石이賢ᄒᆞᆫ즉貢擧홈이皆其人을得ᄒᆞ리이다

九月에幸宛ᄒᆞ야召前臨淮太守朱暉ᄒᆞ야拜尙書僕射ᄒᆞ다暉ㅣ在臨淮에有善政ᄒᆞ니民이歌之曰强直自遂ㅣ南陽朱季로다 (朱暉字文季故曰朱季南陽宛邑人)

吏畏其威ᄒᆞ고民懷其惠로다時에坐法免家居故로上이召而用之
ᄒᆞ다尙書張林이上言호ᄃᆡ縣官經用이不足ᄒᆞ니宜自煮鹽ᄒᆞ며及復修
武帝均輸之法ᄒᆞ노이다朱暉ㅣ固執ᄒᆞ야以爲不可라ᄒᆞ야曰均輸之法은
與賈販으로無異ᄒᆞ니鹽利를歸官則下民이窮怨이니誠非明主의所
宜行이니이다

九月에宛에幸ᄒᆞ야前臨淮太守朱暉를召ᄒᆞ야尙書僕射를拜ᄒᆞ다暉ㅣ臨淮에在ᄒᆞ야善政이有ᄒᆞ니民이歌ᄒᆞ야曰强直ᄒᆞ야自遂홈이南陽에朱季로다吏ㅣ그威를畏ᄒᆞ고惠를懷ᄒᆞ도다ᄯᅢ에法에坐ᄒᆞ야免ᄒᆞ고家에居ᄒᆞᆫ故로上이召ᄒᆞ야用ᄒᆞ다尙書張林이言을上호ᄃᆡ縣官의經用이足지못ᄒᆞ니스사로맛당이煑鹽ᄒᆞ며밋復히武帝에均輸法을修ᄒᆞᆯ게니이다朱暉ㅣ固執ᄒᆞ야써可치못ᄒᆞ다ᄒᆞ야曰均輸에法은賈販으로더부러異가無ᄒᆞ니鹽에利를官에歸ᄒᆞᆫ즉下民이窮ᄒᆞ야怨ᄒᆞ나니진실노明主에宜行ᄒᆞᆯ바ㅣ안이니이다

廬江毛義와東平鄭均이皆以行義로稱於鄉里어늘南陽張
奉이慕義名往候之러니坐定에而府檄이適至ᄒᆞ야以義로守安陽

矯詐也

令ᄒᆞ니義ㅣ捧檄而入ᄒᆞ야喜動顏色ᄒᆞ니奉이心賤之ᄒᆞ야辭去ᄒᆞ러니後에義ㅣ毋死ᄒᆞᆯ서徵辟에皆不至어ᄂᆞᆯ奉이乃歎曰賢者ᄂᆞᆫ固不可測이다ᄒᆞ고往日之喜ᄂᆞᆫ乃爲親屈也ㅣ로다帝ㅣ下詔ᄒᆞ야褒寵義均ᄒᆞ다

廬江에毛義와東平에鄭均이皆히行義로써鄕里에稱ᄒᆞ거ᄂᆞᆯ南陽張奉이義에名을慕ᄒᆞ야往ᄒᆞ야候ᄒᆞ더니坐定ᄒᆞᆷ의府에檄이맛ᄎᆞᆷ至ᄒᆞ야義로써安陽令을守ᄒᆞ니義ㅣ檄을捧ᄒᆞ고入ᄒᆞ야喜ᄒᆞᆷ이顏色에動ᄒᆞ니奉이心에賤히여겨辭去ᄒᆞ얏더니後에義ㅣ毋가死ᄒᆞᆯ서徵辟에다至치안커ᄂᆞᆯ奉이이에歎ᄒᆞ야曰賢ᄒᆞᆫ者ᄂᆞᆫ진실노可히測지못ᄒᆞᆯ지로다往日에喜ᄒᆞᆷ은이에親을爲ᄒᆞ야屈ᄒᆞᆷ이로다帝ㅣ詔를下ᄒᆞ야義와均을褒寵ᄒᆞ다

(乙酉)二年이라詔曰夫俗吏ㅣ矯飾外貌ᄒᆞ야(矯 擧夭反) 似是而非ᄒᆞ니朕이甚厭之甚苦之ᄒᆞ노라 安靜之吏ᄂᆞᆫ悃愊無華ᄒᆞ야(悃 苦本反 愊 浮逼反 說文 悃愊 至誠也 無華 謂不事文采也) 日計不足이나月計有餘ᄒᆞ니如襄城令劉方은吏民이同聲ᄒᆞ야謂之不煩ᄒᆞ니雖未有他異나 斯ㅣ亦殆近之矣로다 夫以苛爲察ᄒᆞ고以刻爲明ᄒᆞ고以輕爲德ᄒᆞ고以重爲威ᄒᆞ야 四者ㅣ或興則下有怨心이라

吾ㅣ詔書數下에 冠蓋接道ᄒᆞ되 而吏不加治ᄒᆞ고 民或失職ᄒᆞ니 其咎ㅣ安在오 勉思舊令ᄒᆞ야 稱朕意焉ᄒᆞ라

二年이라詔ᄒᆞ야曰무릇俗吏가外貌를矯飾ᄒᆞ야是와似ᄒᆞ되非ᄒᆞ니朕이심히厭ᄒᆞ고甚히苦ᄒᆞ노라安靜ᄒᆞᆫ吏는悃愊ᄒᆞ야華ᄒᆞᆷ이無ᄒᆞ야日計는足지못ᄒᆞ나年計는餘가有ᄒᆞ니襄城令劉方갓ᄒᆞ니는吏와民이聲을同ᄒᆞ야煩치안타謂ᄒᆞ니비록他異ᄒᆞᆷ은有ᄒᆞ지아니ᄒᆞ나이거시亦히殆近ᄒᆞᆯ지로다무릇苛로써察을ᄒᆞ고刻으로써明을ᄒᆞ고輕으로써德을ᄒᆞ고重으로써威를ᄒᆞ야四者ㅣ或興ᄒᆞᆫ즉下에怨心이有ᄒᆞᆯ지라吾ㅣ詔書를數히下ᄒᆞᆷ이冠과蓋가길에接ᄒᆞ되吏ㅣ治ᄒᆞᆷ을加치아니ᄒᆞ고民이或職을失ᄒᆞ니그허물이어ᄃᆡ在ᄒᆞ뇨舊令을힘써思ᄒᆞ야朕의意를稱케ᄒᆞ라

乙丑에 帝ㅣ耕於定陶ᄒᆞ고 進幸魯ᄒᆞ야 祀孔子於闕里ᄒᆞ다

乙丑에帝ㅣ定陶에耕ᄒᆞ고進ᄒᆞ야魯에幸ᄒᆞ야孔子를闕里에祀ᄒᆞ다

博士魯國曹褒上疏ᄒᆞ야 以爲宜定文制ᄒᆞ야 著成漢禮ᄒᆞ소서ᄒᆞ니 太常巢堪이 以爲一世大典은 非褒의 所定이니 不可許ㅣ니이다 帝ㅣ知諸儒ㅣ拘攣ᄒᆞ야 難與圖始ᄒᆞ고 朝廷禮憲을 宜以時立이라ᄒᆞ야 乃拜褒侍中ᄒᆞ되

(漢儀)高帝庚子通制禮

玄武司馬班固ㅣ以爲宜廣集諸儒ᄒᆞ야共議得失ᄒᆞ소셔 帝ㅣ曰諺言에作舍道傍에三年不成이라ᄒᆞ며 (王氏曰謂彼是此非故久而無成也) 會禮之家ᄂᆞᆫ名爲聚訟이라ᄒᆞ니 (謂會聚義禮之家相爭不定也) 互生疑異ᄒᆞ야 筆不得下라 昔에 堯ㅣ作大章에 一夔ㅣ足矣라ᄒᆞ니라 (出褒傳樂記註云夔堯時典樂者也大章堯樂名也)

博士魯國曹褒ㅣ疏를上ᄒᆞ야써ᄒᆞ되맛당히文制를定ᄒᆞ야漢禮를著成ᄒᆞ소셔ᄒᆞ니太常巢堪이써ᄒᆞ되一世의大典은褒의定할바이안이니써許치말지니다帝ㅣ諸儒가拘攣ᄒᆞ야더부러始를圖ᄒᆞ기難ᄒᆞᆷ을知ᄒᆞ고朝廷의禮憲을맛당히써時로立ᄒᆞ리라ᄒᆞ야이에褒로侍中을拜ᄒᆞ되玄武司馬班固ㅣ써ᄒᆞ되맛당히諸儒를廣集ᄒᆞ야共히得失을議ᄒᆞ소셔帝ㅣ曰諺에言ᄒᆞ되道傍에舍를作ᄒᆞᆷ이三年에成치못ᄒᆞᆫ다ᄒᆞ며禮를會ᄒᆞᄂᆞᆫ家ᄂᆞᆫ訟을聚ᄒᆞᆷ이라ᄒᆞ니셔로疑異가生ᄒᆞ야筆을得ᄒᆞ야下치못ᄒᆞᄂᆞᆫ지라昔에堯ㅣ大章을作ᄒᆞᆷ의一夔ㅣ足ᄒᆞ다ᄒᆞ니라

(丁亥)章和元年이라 春正月에 帝ㅣ召褒ᄒᆞ야 授以叔孫通의 漢儀十二篇曰此ㅣ散略ᄒᆞ야 多不合經ᄒᆞ니 今宜依禮條正ᄒᆞ야 使可施行ᄒᆞ라ᄒᆞ다

章和元年이라春正月에帝ㅣ褒를召ᄒᆞ야써叔孫通에漢儀十二篇을授ᄒᆞ야曰이거시散略ᄒᆞ야多히經에合지못ᄒᆞ니今에맛당히禮를依ᄒᆞ야條를正ᄒᆞ야ᄒᆞ야곰可히施行ᄒᆞ라ᄒᆞ다

(戊子)二年이라正月에帝ㅣ崩ᄒᆞ니年이三十一이라太子ㅣ即位ᄒᆞ니年이十歲라太后ㅣ臨朝ᄒᆞ고竇憲兄弟ㅣ皆在親要之地ᄒᆞ다北匈奴ㅣ飢亂이어늘以竇憲으로爲車騎將軍ᄒᆞ야伐北匈奴ᄒᆞ다

二年이라正月에帝ㅣ崩ᄒᆞ니年이三十一이라太子ㅣ位에即ᄒᆞ니年이十歲라太后朝에臨ᄒᆞ고竇憲兄弟ㅣ다親要한地에在ᄒᆞ다北匈奴ㅣ飢ᄒᆞ고亂ᄒᆞ거늘竇憲으로써車騎將軍을삼아北匈奴를伐ᄒᆞ다

後漢紀

孝和皇帝 名肇章帝第四子 在位十七年壽二十七 宦官外戚迭爲消長漢家之禍自此始矣

(己丑)永元元年이라六月에竇憲耿秉이將精騎萬餘ᄒᆞ고與北單于로戰于稽落山ᄒᆞ야 稽落山在燕然山南匈奴中山也 大破之ᄒᆞ니降者ㅣ前後八十一

解出下項了

(耿夔)國之子也

部二十餘萬人이라 憲秉이 出塞三千餘里ᄒᆞ야 登燕然山ᄒᆞ야 (燕然山在匈奴速耶) 命中護軍班固ᄒᆞ야 刻石勒功ᄒᆞ야 紀漢威德而還ᄒᆞ다 (烏池中稽落山之北)

永元元年이라 六月에 竇憲과 耿秉이 精騎萬餘를 將ᄒᆞ야 北單于로더부러 稽落山에셔 戰ᄒᆞ야 大破ᄒᆞ니 降ᄒᆞᆫ者ㅣ 前後八十一部二十餘萬人이라 憲과 秉이 塞에 三千餘里를 出ᄒᆞ야 燕然에 登ᄒᆞ야 中護軍班固를 命ᄒᆞ야 石을 刻ᄒᆞ야 功을 勒ᄒᆞ야 漢에 威德을 紀ᄒᆞ고 還ᄒᆞ니라

(辛卯)三年이라 正月에 竇憲이 以北匈奴微弱으로 欲遂滅之ᄒᆞ야 遣耿夔任尙ᄒᆞ야 圍於金微山大破之ᄒᆞ고 出塞五千餘里而還ᄒᆞ니 自漢出師로 所未嘗至也러라 (竇憲出傳) 竇憲이 既立大功에 威名이 益盛ᄒᆞ니 刺史守令이 多出其門ᄒᆞ야 競賦斂吏民ᄒᆞ야 共爲賂遺ᄒᆞ더라 (戊秀昭也)

三年이라 正月에 竇憲이 北凶奴ㅣ 微弱ᄒᆞᆷ으로써 드듸여 滅코자ᄒᆞ야 耿夔와 任尙을 遣ᄒᆞ야 金微山에셔 圍ᄒᆞ야 大破ᄒᆞ고 塞에 五千餘里를 出ᄒᆞ고 還ᄒᆞ니 漢이 出師ᄒᆞᆷ으로부터 일즉히 至치못ᄒᆞᆫ바이더라 竇憲이 임의 大功을 立ᄒᆞᆷ의 威名이 益히 盛ᄒᆞ니 刺吏와 守令이 多히 그 門의 出ᄒᆞ야 競ᄒᆞ야 吏民에게 賦斂ᄒᆞ야 共히 賂遺ᄒᆞ더라

(壬辰)四年이라竇憲父子兄弟滿朝廷ᄒᆞ니是時에憲에兄弟ㅣ專
權이라帝ㅣ以朝臣上下ㅣ莫不附憲이나獨中常侍鄭象이謹敏有
心幾라ᄒᆞ야遂與象으로定議誅憲ᄒᆞᆯ시帝ㅣ以太后故로不欲名誅憲ᄒᆞ고
迫令自殺ᄒᆞ다 (出憲傳)

四年이라竇憲의父子兄弟朝廷에充滿ᄒᆞ니이ᄯᅴ에憲에兄弟權을專ᄒᆞᆫ지라帝ㅣ써
朝臣上下가憲에附ᄒᆞ지안이ᄒᆞ니가업스나獨히中常侍鄭象이謹敏ᄒᆞ고心幾가有
ᄒᆞ다ᄒᆞ야드듸여衆으로與ᄒᆞ야議를定ᄒᆞ야憲을誅할ᄉᆡ帝ㅣ太后에연고로써憲을
名誅코자안니ᄒᆞ야迫ᄒᆞ야하야곰스사로殺케ᄒᆞ다

班固ㅣ以竇氏賓客으로收捕死獄中ᄒᆞ다固ㅣ嘗著漢書ᄒᆞ야尙未就라
詔固의女弟ㅣ曹壽의妻昭ᄒᆞ야踵而成之ᄒᆞ다 (壽妻名昭所謂曹大家者也出列女傳)

班固ㅣ竇氏에賓客으로써收捕ᄒᆞ야獄中에死ᄒᆞ다固ㅣ嘗히漢書를著ᄒᆞ야尙히就
치못ᄒᆞᆫ지라固에女弟曹壽의妻昭에게詔ᄒᆞ야踵ᄒᆞ야成ᄒᆞ다

帝ㅣ策勳班賞ᄒᆞᆯ시鄭象이每辭多受少ᄒᆞ니帝ㅣ由是로賢之ᄒᆞ야常與
之議論政事ᄒᆞ니宦官用權이自此始矣며라 (出鄭象傳)

(中常侍)侍者常侍左右也(心幾幾)讀作機關也

(梁竦)帝母梁貴人之父

(酒泉)去長安二千八百里

(玉門)去長安二千六百里

帝ㅣ勵을策ᄒ야賞을班ᄒ심시鄭象이每히多를辭ᄒ고少를受ᄒ니帝ㅣ이럼으로由ᄒ야賢히여겨常히더브러政事을議論ᄒ니宦官이權을用홈이此로自ᄒ야始ᄒ더라

(丁酉)九年이라皇太后竇氏ㅣ崩ᄒ거놀追尊母梁貴人ᄒ야爲太后ᄒ고封梁竦三子ᄒ야爲侯ᄒ니梁氏ㅣ自此로盛矣러라 出梁竦傳

九年이라皇太后竇氏ㅣ崩ᄒ거놀母梁貴人을追尊ᄒ야太后를삼고梁竦의三子를封ᄒ야侯를삼으니梁氏ㅣ此로自ᄒ야盛ᄒ더라

(壬寅)十四年이라班超ㅣ久在絕域ᄒ야年老思土ᄒ야上書乞歸曰臣이不敢望到酒泉郡이오但願入生玉門關이니이다 乃徵超還ᄒ고以戊己校尉任尙으로代爲都護ᄒ다

十四年이라班超ㅣ絕域에久在ᄒ야年이老ᄒ야土를思ᄒ야書를上ᄒ야歸를乞ᄒ야日臣이敢히酒泉郡에到홈은望치안코다만生ᄒ야玉門關에入홈을願ᄒ노이다 이에超을徵ᄒ야還ᄒ고戊己校尉任尙으로써代ᄒ야都護를삼다

(乙巳)元興元年이라十二月에帝ㅣ崩ᄒ니 少子隆이 生始百餘日이라即皇帝位ᄒ고太后ㅣ臨朝ᄒ다 出本紀

元興元年이라十二月에帝ㅣ崩ㅎ니少子隆이生ㅎ지비로소百餘日이라皇帝位에
即ㅎ고太后ㅣ朝에臨ㅎ다

孝殤皇帝 名隆和帝小子 在位一年壽二歲

(丙午)延平元年이라八月에帝ㅣ崩ㅎ니太后ㅣ迎清河王慶의子祜
ㅎ야爲孝和皇帝嗣ㅎ야卽皇帝位ㅎ고太后ㅣ猶臨朝ㅎ다 出本記

延平元年이라八月에帝ㅣ崩ㅎ니太后ㅣ清河王慶의子祜를迎ㅎ야孝和皇帝의嗣
를삼아皇帝位에卽ㅎ고太后오히려朝에臨ㅎ다

尙書郎樊準이以儒風이寢衰라ㅎ야上疏曰人君이不可以不學
이라光武皇帝ㅣ受命中興ㅎ야東西誅戰ㅎ야不遑啓處ㅣ나然이나猶投
戈講藝ㅎ며息馬論道ㅎ고孝明皇帝ㅣ庶政萬機를無不簡心ㅎ되而
垂情古典ㅎ고遊意經藝ㅎ야每饗射禮를畢ㅎ고正坐自講에諸儒ㅣ
並聽ㅎ니四方이欣欣이라又多徵名儒ㅎ야布在廊廟ㅎ고每讌會에 讌伊甸反合語
也 則論難衎衎ㅎ야 早突反和樂貌 共求政化ㅎ니期門羽林介胄之士ㅣ悉通

孝經이라化自聖躬ᄒᆞ야流及蠻荒ᄒᆞ니是以로議者ㅣ每稱盛時에咸言永平이라今學者ㅣ益少에遠方이尤甚ᄒᆞ야博士ㅣ倚席不講ᄒᆞ고(倚席謂不施講坐也)儒者ㅣ競論浮麗ᄒᆞ야忘謇謇之忠ᄒᆞ고(謇九輦反易曰謇難也)習諓諓之辭ᄒᆞ니(諓音踐諂言也)臣愚ᄂᆞᆫ以謂宜下明詔ᄒᆞ야博求幽隱ᄒᆞ고寵進儒雅ᄒᆞ야以俟聖上講習之期ᄒᆞ노이다太后ㅣ深納其言ᄒᆞ다(出樊準傳)

尙書郞樊準이써儒風이寖衰라ᄒᆞ야疏를上ᄒᆞ야曰人君이可히써學지안이치못ᄒᆞᆯ지라光武皇帝ㅣ命을受ᄒᆞ고中興ᄒᆞ야東西로誅戰ᄒᆞ야啓處를遑치못ᄒᆞ시나그러나오히려戈를投ᄒᆞ고藝를講ᄒᆞ며馬를息ᄒᆞ고道를論ᄒᆞ고孝明皇帝ㅣ庶政의萬機를簡心치안이홈이無ᄒᆞ되古典에情을垂ᄒᆞ고經藝에意를遊ᄒᆞ야미양饗射禮를畢ᄒᆞ고正히坐ᄒᆞ야ᄉᆞᄉᆞ로講홈의모든儒가並聽ᄒᆞ니四方이欣欣ᄒᆞᆫ지라ᄯᅩ名儒을만이徵ᄒᆞ야廊廟에布在ᄒᆞ고미양讌會에論難홈을衎々히ᄒᆞ야共히政化를求ᄒᆞ니期門羽林介冑의士ㅣ悉히孝經를通ᄒᆞᆫ지라化ㅣ聖躬으로부터流ᄒᆞ야蠻荒에及ᄒᆞ니이럼으로써議ᄒᆞᄂᆞᆫ者ㅣ미양盛時를稱홈이다永平을言ᄒᆞᄂᆞᆫ지라今에學者가더욱少홈이遠方이더욱甚ᄒᆞ야博士ㅣ席에倚ᄒᆞ야講치안이ᄒᆞ고儒者ㅣ浮麗를競論ᄒᆞ야謇々의忠을忘ᄒᆞ고諓々의辭를習ᄒᆞ니臣愚ᄂᆞᆫ써謂ᄒᆞ되맛당이明詔를下ᄒᆞ야넓

히幽隱을求ᄒᆞ고儒雅를寵進ᄒᆞ야써聖上講習의期를俟ᄒᆞ노이다太后ㅣ深히其言을納ᄒᆞ다

孝安皇帝(名祜章帝孫淸河孝王慶之子)在位十九年 壽三十二(卽位數年太后臨朝親政之後內寵益盛)

(丁未)永初元年이라秋九月庚午에太尉徐防이以災異寇賊으로策免ᄒᆞ니三公이以災異로免이自防始다仲長統이(仲長複姓統名也)昌言ᄒᆞ되光武皇帝ㅣ愠數世之失權ᄒᆞ고忿强臣之竊命ᄒᆞ야(愠紆問反怒也)矯枉過直ᄒᆞ야政不任下ᄒᆞ니雖置三公이나事歸臺閣이라自此以來로三公之職이備員而已라然이나政有不治면猶加譴責ᄒᆞ니(譴詰占反說文云謫問也)而權移外戚之家ᄒᆞ고寵被近習之豎ᄒᆞ야水旱이爲災ᄒᆞ니此ㅣ皆戚宦之臣에所致然也어늘反以責讓三公으로(王氏曰責王言也讓漬也)至於死免ᄒᆞ니如此而不欲望三公으로勳立於國家ᄒᆞ고績加於生民이不亦遠乎잇가今人主ㅣ誠專委三公ᄒᆞ야分任責成ᄒᆞ되而在位病民ᄒᆞ고擧用이失賢ᄒᆞ고

百姓이不安ᄒᆞ고爭訟이不息ᄒᆞ고天地ㅣ多變ᄒᆞ고人物이多妖(妖於喬反 妖災也)然後에可以分此罪也ㅣ니이다

永初元年이라秋九月庚午에太尉徐防이災異와寇賊으로써策ᄒᆞ야免ᄒᆞ니三公이災異로써免홈이防으로自ᄒᆞ야始ᄒᆞᆫ지라仲長統이言을昌ᄒᆞ되光武皇帝ㅣ數世의失權을慍ᄒᆞ고强臣의竊命홈을忿히ᄒᆞ야枉을矯홈이直에過ᄒᆞ야政을下에任치안이홈이비록三公을置ᄒᆞ나事ᄂᆞᆫ臺閣에歸ᄒᆞᄂᆞᆫ지라이로부터써來홈으로三公의職이員을備할ᄯᆞ름이라然이나政에不治홈이有ᄒᆞ면오히려譴責을加ᄒᆞ니權을外戚의家에移ᄒᆞ고寵을近習의豎에被ᄒᆞ야水旱에災가됨이니다戚宦의臣에政ᄒᆞ야然ᄒᆞᆫ바어ᄂᆞᆯ反히써三公을責讓ᄒᆞ야死免에至ᄒᆞ니此와如ᄒᆞ고三公으로勳을國家에立ᄒᆞ고績을生民에加ᄒᆞ기ᄅᆞᆯ바라고자홈니이ᄯᅩᄒᆞᆫ遠치안이ᄒᆞ오릿가今에人主ㅣ진실로專히三公에게委ᄒᆞ야任을分ᄒᆞ야成을責ᄒᆞ되位에在ᄒᆞ야民을病ᄒᆞ고擧用홈이賢을失ᄒᆞ고百姓이安치못ᄒᆞ고爭訟이息ᄒᆞᆫ지안이ᄒᆞ고天地ㅣ變이多ᄒᆞ고人物의妖가多ᄒᆞᆫ然後에可히써此罪ᄅᆞᆯ分ᄒᆞ리니라

(庚戌)四年이라鄧騭이在位에頗能推進賢士라弘農楊震이孤貧好學ᄒᆞ야通達博覽ᄒᆞ니諸儒ㅣ爲之語曰關西孔子ᄂᆞᆫ楊伯起라ᄒᆞ

(楊伯起) 楊震字

(素食)糲飯凡草菜可者通名爲蔬

야는 隲이 聞而辟之ᄒᆞ다 累遷荊州刺史와 東萊太守ᄒᆞ야 當之郡ᄒᆞᆯ서 道經昌邑이러니 故所擧荊州茂才王密이 爲昌邑令ᄒᆞ야 夜懷金十斤ᄒᆞ고 以遺震이어ᄂᆞᆯ 震이 曰故人은 知君이어ᄂᆞᆯ 君은 不知故人ᄒᆞ니 何也오 密이 曰暮夜라 無知者ㅣ니이다 震이 曰天知地知我知子知ᄒᆞ니 何謂無知者ㅣ리오 密이 愧而出ᄒᆞ다 性이 公廉ᄒᆞ야 子孫이 常素食步行이어ᄂᆞᆯ 故舊ㅣ 或欲令爲開産業ᄒᆞᆫ듸 (王氏曰欲令楊震自方開置産業) 震이 不肯曰使後世로 稱爲淸白吏子孫ᄒᆞ야 以此遺之면 不亦厚乎아

四年이라鄧隲이位에在ᄒᆞᆷ의자못賢士를推進ᄒᆞᄂᆞᆫ지라弘農楊震이孤貧호듸學을好ᄒᆞ야通達ᄒᆞ야博覽ᄒᆞ니諸儒ㅣ語ᄒᆞ야曰關西孔子ᄂᆞᆫ楊伯起라ᄒᆞ야ᄂᆞᆯ隲이聞ᄒᆞ고辟ᄒᆞ다荊州刺史와東萊太守를累遷ᄒᆞ야當히郡에갈ᄉᆡ道가昌邑을經ᄒᆞ더니故에擧ᄒᆞᆫ바荊州茂才王密이昌邑令이되야夜에金十斤을懷ᄒᆞ고ᄡᅥ震에게遺ᄒᆞ거ᄂᆞᆯ震이曰故人은君을知ᄒᆞ나君은故人을知치못ᄒᆞ니엇지ᄒᆞᆷ이뇨密이曰暮夜라知者ㅣ無ᄒᆞ니이다震이曰天도知ᄒᆞ고地도知ᄒᆞ고我도知ᄒᆞ고子ㅣ知ᄒᆞ니엇지知者ㅣ無ᄒᆞ다謂ᄒᆞ리오密이愧ᄒᆞ야出ᄒᆞ다性이公ᄒᆞ고廉ᄒᆞ야子孫이常히素食ᄒᆞ고步行

(弔之)謂其將得罪也

호거놀故舊ㅣ或호야곰爲호야産業을開호고자호딕震이肯치안이호야曰後世로
호야곰淸白吏의子孫됨을稱호야此로써遺호면또호厚치아니홀가보냐
朝歌賊甯季等(朝陟遙反朝歌河內邑也康叔所封之地甯乃定反姓也)數千人이共殺長吏호고屯聚連
年호니州郡이不能禁이라鄧隲이惡虞詡호야以詡로爲朝歌長호니故舊
ㅣ皆弔之어눌詡ㅣ笑曰事不避難은臣之職也라不遇盤根錯節
이면無以別利器니(樹根之盤互木即之交錯非盤利之器不能治之)此乃吾立功之秋也라及到官
에設三科호야以募求壯士홀서自掾吏以下로各擧所知호딕其攻劫
者로爲上호고傷人偷盜者로次之호고不事家業者로爲下호야收得
百餘人호야詡ㅣ爲饗會호야悉貰其罪호고(貰時夜反貰赦也)使入賊中호야誘令劫
掠호고乃伏兵以待之호야遂殺賊數百人호고又潛遣貧人能縫者
호야傭作賊衣호딕以采線으로縫其裾호야有出市里者어든吏輒禽之호니
賊이由是로駭散호야咸稱神明호니縣境이皆平이러라
朝歌賊甯季等數千人이共히長吏을殺호고屯聚호야連年호니州郡이能히禁치못

ᄒᆞᄂᆞᆫ지라鄧騭이虞詡ᄅᆞᆯ惡ᄒᆞ야詡로써朝歌長을삼으니故舊ㅣ다吊ᄒᆞ거ᄂᆞᆯ詡ㅣ笑ᄒᆞ야日事에難을避치안홈은臣의職이라盤根과錯節을遇치못ᄒᆞ면써利器ᄅᆞᆯ분별ᄒᆞᆯ슈업나니이ᄂᆞᆫ이에吾가功을立ᄒᆞᆯ秋이라ᄒᆞ고밋官에到홈의三科을設ᄒᆞ야써壯士ᄅᆞᆯ募求ᄒᆞᆯ시掾吏以下로自ᄒᆞ야各히所知ᄅᆞᆯ擧호ᄃᆡ그攻刦ᄒᆞᄂᆞᆫ者로上을삼고傷人偸盜ᄒᆞᄂᆞᆫ者로次ᄒᆞ고家業을事치아니ᄒᆞᄂᆞᆫ者로下ᄅᆞᆯᄒᆞ야百餘人을取得ᄒᆞ야ㅣ饗會ᄅᆞᆯᄒᆞ야다그罪을貰ᄒᆞ고ᄒᆞ야곰賊中에入ᄒᆞ야誘ᄒᆞ야ᄒᆞ야곰刦掠케ᄒᆞ고이에兵을伏ᄒᆞ야써待ᄒᆞ야드ᄃᆡ여賊數百人을殺ᄒᆞ고또潛히貧人에能縫ᄒᆞᄂᆞᆫ者ᄅᆞᆯ遣ᄒᆞ야賊衣ᄅᆞᆯ傭作호ᄃᆡ采線으로써그裾ᄅᆞᆯ縫ᄒᆞ야市里에出ᄒᆞᄂᆞᆫ者이有ᄒᆞ거든吏가문득禽ᄒᆞ니賊이이럼으로由ᄒᆞ야駭散ᄒᆞ야다神明홈을稱ᄒᆞ니縣의境이다平ᄒᆞ더라

(乙卯)元初二年이라太后ㅣ聞虞詡ㅣ有將帥之量ᄒᆞ고 以爲武都太守ᄒᆞ니羌衆數千이 遮詡於陳倉崤谷이어ᄂᆞᆯ(括地志岐州陳倉縣是爲崤谷今陝州陝縣東二崤是) 詡ㅣ即停軍不進ᄒᆞ고而宣言호ᄃᆡ上書請兵ᄒᆞ야須到當發이라ᄒᆞ니羌이 聞之ᄒᆞ고乃分鈔傍縣이어ᄂᆞᆯ(鈔楚孝反) 詡ㅣ因其兵散ᄒᆞ야日夜進道ᄒᆞ야兼行百餘里ᄒᆞ고令吏士로 各作兩竈ᄒᆞ야 日增倍之ᄒᆞ니羌이 不敢逼이어ᄂᆞᆯ或이問曰

孫臏은減竈ᄂᆞᆯ어而君이增之ᄒᆞ고 臏毗忍反孫臏減竈事周顯王二十八年 兵法에日行이不三十
里ᄒᆞ야以戒不虞ᄂᆞᆯ어而今에日且二百里ᄂᆞᆫ何也오詡ㅣ曰虜衆이多
ᄒᆞ고吾兵이少ᄒᆞ니徐行則易爲所及이오速進則彼所不測이라虜ㅣ見
吾竈日增ᄒᆞ고必謂郡兵이來迎이라ᄒᆞ리니衆多行速이면必憚追我라孫
臏은見弱ᄒᆞ고吾今示彊ᄒᆞ니勢有不同故也ㅣ니라

元初二年이라太后ㅣ虞詡가壯帥의量이有홈을聞ᄒᆞ고써武都太守를삼으니羌衆
數千이詡를陳倉崤谷에遮ᄒᆞ거ᄂᆞᆯ詡ㅣ곳軍을停ᄒᆞ고進치안니ᄒᆞ고言을宣호되書
를上ᄒᆞ야兵을請ᄒᆞ야到ᄒᆞ기를須ᄒᆞ야맛당이發ᄒᆞ리라ᄒᆞ니羌이聞ᄒᆞ고이에傍縣에
分鈔ᄒᆞ거ᄂᆞᆯ詡ㅣ그兵이散홈을因ᄒᆞ야日夜로道에進ᄒᆞᆯ시兼ᄒᆞ야百餘里를行ᄒᆞ고
吏士로ᄒᆞ야곰各히兩竈를作ᄒᆞ야日로倍을增ᄒᆞ니羌이敢히逼지못ᄒᆞ거ᄂᆞᆯ或이聞
ᄒᆞ야曰孫臏은竈을減ᄒᆞ거ᄂᆞᆯ君이增ᄒᆞ고兵法에曰에行홈이三十里에過치안이ᄒᆞ
야써不虞를戒ᄒᆞ거ᄂᆞᆯ今에日로ᄯᅩ二百里ᄂᆞᆫ엇지홈이뇨詡ㅣ曰虜에衆이多ᄒᆞ고吾
에兵이少ᄒᆞ니徐히行ᄒᆞᆫ즉及ᄒᆞᆯ비됨이易ᄒᆞᆯ것이오速히進ᄒᆞᆫ즉彼의測ᄒᆞ지못ᄒᆞᆯ바
이라虜ㅣ吾에竈가日增홈을見ᄒᆞ고반다시郡兵이來迎홈이라ᄒᆞ리니衆이多ᄒᆞ고
行이速ᄒᆞ면반다시追我ᄒᆞ기를憚ᄒᆞ리라孫臏은弱을見ᄒᆞ고吾ᄂᆞᆫ今에强을示ᄒᆞ니

(黃憲初擧孝廉又辟公府人勸仕暫止京師即還四十八終)

형세가同치아이홈이有ᄒᆞᆫ연고니라

(壬戌)延光元年이라皇太后鄧氏ㅣ崩커늘帝ㅣ始親政事ᄒᆞ다帝ㅣ少號聰明故로鄧太后ㅣ立이러니及長에多不德ᄒᆞ야稍不可太后意러다及太后ㅣ崩에鄧氏三侯를皆廢爲庶人ᄒᆞ고以閻皇后兄弟로幷爲卿校ᄒᆞ야典禁兵ᄒᆞ니於是에內寵이始盛ᄒᆞ야中常侍江京等이扇動內外ᄒᆞ야競爲侈虐이러다

延光元年이라皇太后鄧氏ㅣ崩ᄒᆞ거놀帝ㅣ비로소政을親히ᄒᆞ다帝ㅣ少에聰明ᄒᆞ다號ᄒᆞᆫ故로鄧太后ㅣ立ᄒᆞ얏더니밋長ᄒᆞᆷ의德안임이多ᄒᆞ야稍히太后의意에可치안이ᄒᆞᆫ지라밋太后ㅣ崩ᄒᆞᆷ의鄧氏에三侯를다廢ᄒᆞ야庶人을삼고써閻皇后兄弟로並히卿校를삼아禁兵을典ᄒᆞ니이에內寵이비로소盛ᄒᆞ야中常侍江京等이內外을扇動ᄒᆞ야競ᄒᆞ야侈虐ᄒᆞ더라

汝南太守王龔이好才愛士ᄒᆞ야以袁閬으로爲功曹ᄒᆞ고引進郡人陳蕃黃憲等ᄒᆞ니憲은不屈ᄒᆞ고蕃은遂就吏ᄒᆞ다憲이世貧賤ᄒᆞ야父ㅣ爲牛醫러니潁川荀淑이遇憲於逆旅ᄒᆞ니時年이十四라淑이竦然異

之호야 揖與語호야 移日不能去호고 謂憲曰子는 吾之師表也로다 既而
오 前至袁閬所호야 問曰子國에 有顏子호니 寧識之乎아 閬이 曰見
吾叔度耶아 (叔度憲字) 是時에 同郡戴良이 才高倨傲호되 而見憲에 未
嘗不正容호고 及歸에 罔然若有失也어늘 其母ㅣ 問曰汝ㅣ 復從牛
醫兒來耶아 對曰良이 不見叔度엔 自以爲無不及이라호더니 既覩
其人에 則瞻之在前이라가 忽然在後호야 固難得而測矣라호더라 陳蕃과
及周擧ㅣ 常相謂曰時月之間에 不見黃生이면 則鄙吝之萌이
復存乎心矣라호더라 (鄙吝猶茅塞之意) 太原郭泰 (字林宗) 少遊汝南홀새 先過袁閬에
不宿而退호고 進往從憲호야 累日方還이어늘 或이 以問泰혼대 泰曰
奉高之器는 (奉高袁閬字也) 譬諸컨대 汎濫이 (王氏曰汎音軌字從九無點或作氿誤也監通作檻並胡覽反爾雅註云氿泉反出也從傍出也濫泉涌出也)
雖淸而易挹이어니와 (挹一入反淵也) 叔度는 汪汪호야 若千頃波라 澄之不淸호고 淆
之不濁호야 (淆五交反混也) 不可量也라호더라

汝南太守王龔이才를好ᄒᆞ고士를愛ᄒᆞ야袁閬으로ᄡᅥ功曹를삼고郡人에陳蕃과黃憲에等을引ᄒᆞ야進ᄒᆞ니憲은屈치아니ᄒᆞ고蕃은드ᄃᆡ여吏에就ᄒᆞ다憲이世로貧賤ᄒᆞ야父ㅣ牛醫가되얏더니潁川荀淑이憲을逆旅에서遇ᄒᆞ니時에年이十四라淑이竦然이異히녀겨揖ᄒᆞ고더부러語ᄒᆞ야日이移ᄒᆞᆷ의能히去치못ᄒᆞ고憲더러謂ᄒᆞ야曰자ᄂᆡᄂᆞᆫ吾에師表로다조곰잇다前ᄒᆞ야袁閬의所에至ᄒᆞ야問曰자ᄂᆡ國에顏子가有ᄒᆞ니寧히識ᄒᆞᄂᆞ야閬이曰吾에叔度를見ᄒᆞ얏ᄂᆞ냐이ᄯᅢ에同郡戴良이才가高ᄒᆞ고倨傲ᄒᆞ되憲을見ᄒᆞᆷ의일즉이正容치안이ᄒᆞᆷ이업고밋歸ᄒᆞᆷ의罔然히失ᄒᆞᆷ이有ᄒᆞᆷ과갓거ᄂᆞᆯ그母ㅣ問ᄒᆞ야曰汝ㅣ다시牛醫兒를從ᄒᆞ야來ᄒᆞ얏ᄂᆞ냐對ᄒᆞ야曰叔度를見치못ᄒᆞᆷ에ᄂᆞᆫ스사로ᄡᅥᄒᆞ되及지못ᄒᆞᆷ이無ᄒᆞ리라ᄒᆞ얏더니既히그人을覩ᄒᆞᆷ의瞻ᄒᆞᆷ의前에在ᄒᆞ다가忽然히後에在ᄒᆞ야진실노시러곰測ᄒᆞ기가難ᄒᆞ다ᄒᆞ더라陳蕃과밋周擧ㅣ항상서로謂ᄒᆞ야曰時月의間에黃生을見치못ᄒᆞ면鄙吝의萌ᄒᆞᆷ이다시心에存ᄒᆞ다ᄒᆞ더라太原에郭泰ㅣ절머서汝南에遊ᄒᆞᆯ시先히袁閬의게過ᄒᆞ야宿ᄒᆞ지아니ᄒᆞ고退ᄒᆞ고나가憲을從ᄒᆞ야累日에바야으로還ᄒᆞ거ᄂᆞᆯ或이ᄡᅥ泰에게問ᄒᆞᆫᄃᆡ泰曰奉高에器ᄂᆞᆫ譬ᄒᆞ건ᄃᆡ汎濫이비록清ᄒᆞ나挹ᄒᆞ기가易ᄒᆞ거니와叔度ᄂᆞᆫ汪々ᄒᆞ야千頃에波와갓타야澄ᄒᆞᆷ의淸치안코淆ᄒᆞᆷ의濁ᄒᆞ지안어서可히量치못ᄒᆞᆫ다ᄒᆞ더라

(乙丑)四年이라三月에帝ㅣ崩ᄒᆞ니年이三十二ㅣ라太后ㅣ臨朝ᄒᆞ야 (太后即安帝閻后)

(濟北惠王)章帝第七子名壽

慈和偏服曰順

欲久專國政ᄒᆞ야 貪立幼年ᄒᆞ야 與閻顯等으로 定策禁中ᄒᆞ야 迎濟北惠王에子北鄕侯懿ᄒᆞ야 爲嗣ᄒᆞ다 (北鄕郡名在濟北地) 乙酉에 北鄕侯ㅣ 卽皇帝位ᄒᆞ다 冬十月에 北鄕侯ㅣ 薨ᄒᆞ다

四年이라三月에帝ㅣ崩ᄒᆞ니年이三十二라太后朝에臨ᄒᆞ야國政을久專코자ᄒᆞ야幼年을貪立ᄒᆞ야閻顯의무리로더부러策을禁中에서定ᄒᆞ고濟北惠王에子北鄕侯懿를迎ᄒᆞ야嗣를삼다乙酉에北鄕侯ㅣ皇帝位에即ᄒᆞ다冬十月에北鄕侯ㅣ薨ᄒᆞ다

十一月에 中常侍孫程과 王康等十九人이 聚謀於德陽殿ᄒᆞ고 迎濟陰王ᄒᆞ야 卽皇帝位ᄒᆞ니 時年이 十二ㅣ라 收閻顯ᄒᆞ야 下獄誅ᄒᆞ고 遷太后於離宮ᄒᆞ고 封孫程等ᄒᆞ야 皆爲列侯ᄒᆞ니 是爲十九侯ㅣ라

十一月에中常侍孫程과王康의等十九人이德陽殿에聚謀ᄒᆞ고濟陰王을迎ᄒᆞ야皇帝位에即ᄒᆞ니時에年이十二라閻顯을收ᄒᆞ야獄에下ᄒᆞ야誅ᄒᆞ고太后를離宮에遷ᄒᆞ고孫程等을封ᄒᆞ야다列侯를삼으니是ㅣ十九侯가되더라

孝順皇帝 (名保安帝長子) 在位十九年 壽三十 (即位之初天下想其風采黃瓊李固之徒相繼登庸)

東京之士於茲盛焉然閹宦弄權梁氏用事賢人君子不能救漢祚之衰

(丁卯)永建二年이라初에南陽樊英이少有學行ᄒᆞ야名著海內라隱於壺山之陽ᄒᆞ야州郡이前後禮請호ᄃᆡ不應ᄒᆞ고公卿이擧賢良方正有道호ᄃᆡ皆不行ᄒᆞ고安帝ㅣ賜策書徵之ᄒᆞ되不赴어늘是歲에帝ㅣ復以策書玄纁으로(韻會云玄纁者天地之正色士無正位托位南方火赤與黃爲纁)備禮徵英ᄒᆞ야待以師傅之禮ᄒᆞ다英이初被詔命에衆이皆以爲必不降志라ᄒᆞ더니南郡王逸이素與英으로善이러니因與書ᄒᆞ야多引古譬諭ᄒᆞ야勸使就聘ᄒᆞ니及後應對에無奇謀深策이라談者ㅣ以爲失望이라ᄒᆞ더라河南張楷ㅣ與英으로且徵홀시謂英曰天下에有二道ᄒᆞ니出與處也라吾前以子之出에能輔是君也ᄒᆞ며濟斯民也라ᄒᆞ더니而子ㅣ始以不訾之身으로(訾與貲同不貲言無訾量可以比之貴重之極也)怒萬乘之主라가及其享受爵祿ᄒᆞ야는又不聞匡救之術ᄒᆞ니進退ㅣ無所據矣로다

永建二年이라처음에南陽樊英이少ᄒᆞ야學行이有ᄒᆞ야名이海內에著ᄒᆞᆫ지라壺山의陽에隱ᄒᆞ야州郡이前後에禮로請ᄒᆞᄃᆡ應치아니ᄒᆞ고公卿이賢良方正有道

(策書)策王言也又通他冊說文符命也

(不訾之身)謂貴無可量比也

ᄒᆞᆷ으로擧호ᄃᆡ行치아이ᄒᆞ고安帝ㅣ策書를賜ᄒᆞ야徵호ᄃᆡ赴치아이ᄒᆞ거ᄂᆞᆯ이히에
帝ㅣ다시策書와玄纁으로써禮를備ᄒᆞ야英을徵ᄒᆞ야師傅의禮로써待ᄒᆞ다英이ᄎᆞ
음에詔命을被ᄒᆞᆷ의衆이다써ᄒᆞ되必히志를降치아이ᄒᆞ리라ᄒᆞ더니南郡王逸이본
ᄃᆡ英으로더부러善ᄒᆞ더니因ᄒᆞ야書를쥬어만히古를引ᄒᆞ야譬諭ᄒᆞ야勸ᄒᆞ나ᄒᆞ야
금聘에就케ᄒᆞ니後에應對의밋치미奇謀와深策이無ᄒᆞᆫ지라談ᄒᆞᄂᆞᆫ者ㅣ써ᄒᆞ되望
ᄒᆞᆷ을失ᄒᆞ얏다ᄒᆞ더라河南張楷ㅣ英으로더부러ᄒᆞᆷ게徵ᄒᆞᆯ시英더러謂ᄒᆞ야曰天下
에二道가有ᄒᆞ니出ᄒᆞᆷ과다못處ᄒᆞᆷ이라吾가前에子가써出ᄒᆞᆷ이能히이君을輔ᄒᆞ며
이民을濟ᄒᆞ리라ᄒᆞ얏더니자ᄂᆡ가비로소不訾의身으로써萬乘에主를怒케ᄒᆞ다가
밋고爵祿을享受ᄒᆞ야ᄂᆞᆫ匡救에術을聞치못ᄒᆞ니進ᄒᆞ고退ᄒᆞᆷ이據ᄒᆞᆯ바無ᄒᆞ도다

時에又徵廣漢楊厚와江夏黃瓊ᄒᆞ다厚旣至에豫陳漢有三百
五十年之厄ᄒᆞ야以爲戒어ᄂᆞᆯ拜議郎ᄒᆞ다瓊이將至에李固ㅣ以書로逆
遺之曰君子ㅣ謂伯夷ᄂᆞᆫ隘ᄒᆞ고柳下惠ᄂᆞᆫ不恭이라ᄒᆞ니不夷不惠ㅣ可
否之間은聖人에居身之所珍也ㅣ라誠欲遂枕山棲谷ᄒᆞ야擬迹
巢由인ᄃᆡ斯亦可矣어니와若當輔政濟民인ᄃᆡ今其時也로다自生民以
來로善政少而亂俗多ᄒᆞ니必待堯舜之君인ᄃᆡ此ㅣ爲士行其志ㅣ

終無時矣리라

時에또廣漢楊厚와江夏黃瓊을徵ᄒᆞ다厚ㅣ임이至ᄒᆞᆷ의漢에三百五十年의厄이有
ᄒᆞᆷ을豫陳ᄒᆞ야써爲戒ᄒᆞ거ᄂᆞᆯ議郞을拜ᄒᆞ다瓊이將至에李固ㅣ書로써逆遺ᄒᆞ야曰
君子ㅣ謂ᄒᆞ되伯夷ᄂᆞᆫ隘ᄒᆞ고柳下惠ᄂᆞᆫ不恭타ᄒᆞ니夷도안이요惠도안인可否의間
에ᄂᆞᆫ聖人에居身의珍ᄒᆞᆫ바이라진실로山을枕ᄒᆞ고谷에棲ᄒᆞ야迹을巢由에게擬코
자ᄒᆞᆯ진ᄃᆡ또ᄒᆞᆫ可ᄒᆞ거니와만일맛당이政을輔ᄒᆞ 진ᄃᆡ이제그時로다生民以來로自
ᄒᆞ야善政이少ᄒᆞ고亂俗이多ᄒᆞ니반다시堯舜의君을待ᄒᆞᆯ진ᄃᆡ이士가되야其志을
行ᄒᆞᆷ이終히時가無ᄒᆞ리라

嘗聞ᄒᆞ니語에曰嶢々者ᄂᆞᆫ易缺ᄒᆞ고(嶢丘交反)皦々者ᄂᆞᆫ易汙ㅣ라ᄒᆞ니(皦吉了反嶢堅硬也皦明白也嶢々太堅易爲玷缺皦々太白易爲穢汙即虞詡所謂白璧不可爲也)盛名之下에其實을難副ㅣ라近에樊英이被徵ᄒᆞ야初至에朝廷이設壇席ᄒᆞ고猶待神明ᄒᆞ니雖無大異나而言行所守ㅣ亦無所缺이어ᄂᆞᆯ而毁謗이布流ᄒᆞ야應時折減者ᄂᆞᆫ豈非觀聽望深ᄒᆞ야聲名이太盛乎아是故로俗論에皆言ᄒᆞ되處士ᄂᆞᆫ純盜虛聲이라ᄒᆞ니願先生은弘此遠謀ᄒᆞ야令衆人으로歎服ᄒᆞ야一雪此言爾니라

일직聞호니語에曰嶢々호者는缺키易호고皦々호者는汙키易호다호니盛名의下
에其實을副키難호지라近에樊英이被徵호야初至홈의朝廷이壇席을設호고神明
과갓치待호니비록大異는無호나言行所守가또호缺호바ㅣ無호거늘毀謗이布流
호야應時折減호者는엇지觀聽에望이深호야聲과名이太盛홈이아니리오是故로俗
論에다言호되處士는純히虛聲을盜호다호니願컨디先生은이遠謀를弘호야衆人
으로호야곰歎服호야此言을一雪케호라

瓊이至에拜議郎호야稍遷尙書僕射호다瓊이昔에隨父香호야在臺閣
에習見故事러니及後居職에達練官曹호야爭議朝堂호니莫能抗奪
이라數上疏言事에上이頗采用之호더니李固는郃之子也ㅣ라少好學
호야常改易姓名호고杖策驅驢호야負笈從師호야（笈極入反一作極曄反負書箱也說文驢上負也猶今人爲木床跡驢背以負載物也古人多言負笈謂自負之）不遠千里호야究覽墳籍호야爲世大儒호니每到太學에
密入公府호야定省父母호고不令同業諸生으로知其爲郃子也러라

瓊이至홈의議郎을拜호야尙書僕射로稍遷호다瓊이昔에父香을隨호야臺閣에在
호야故事를習見터니後에居職홈의及호야官曹에達練호야朝堂에爭議호니能히

抗奪호리업더라자조上跣호야言事호믜上이頗히采用호더라李固는郃에子ㅣ라
절머好學호야일즉姓名을改易호고策을杖호고驢를驅호야笈을負호고師를從호
야千里를不遠호야墳籍을究覽호야世에大儒ㅣ되니라미양太學에到호믜公府에
密入호야父母씌定省호고同業諸生으로호야곰그郃의子됨을知치못호게호더라

(辛未)六年이라初에帝薄於藝文호니博士ㅣ不復講習호고朋徒ㅣ相視怠散호고學舍ㅣ頹弊호야鞠爲園蔬라或牧兒蕘豎ㅣ薪刈其下어늘將作大匠翟酺ㅣ上疏호대(翟酺姓名)請更修繕호야誘進後學호소서帝ㅣ從之호다

六年이라初에帝ㅣ藝文에薄호니博士ㅣ다시講習지아니호고朋徒ㅣ서로視호야
怠散호고學舍ㅣ頹敝호야鞠호야園蔬가된지라或牧兒와蕘豎ㅣ其下에薪을刈호
거늘將作大匠翟酺ㅣ上疏호되請컨되다시修繕호야後學을誘進호소셔帝ㅣ從호
다

(壬申)陽嘉元年이라立貴人梁氏호야爲皇后호다○尙書令左雄이上疏曰昔에宣帝ㅣ以爲吏數變易則下不安業호고久於其事則民服敎化라호야其有政治者를輒以璽書로勉勵호야增秩賜金

(鞠爲園蔬)鞠爲茂草也

(大匠)官名

(梁氏)梁商女也

이라가 公卿이 缺則以次用之ᄒᆞ니 是以로 吏稱其職ᄒᆞ고 民安其業ᄒᆞ야 漢世良吏ㅣ 於玆爲盛이러니 今典城百里에 轉動이 無常ᄒᆞ니 各懷一切ᄒᆞ야 (王氏曰一切苟且也猶言權時也) 莫慮長久라 臣愚는 以爲守相長吏ㅣ 思和有顯效者어든 可就增秩ᄒᆞ고 勿移徙ᄒᆞ쇼서

陽嘉元年이라 貴人梁氏를 立ᄒᆞ야 皇后를 삼다 ○尙書令左雄이 上疏曰昔에 宣帝ㅣ 써ᄒᆞ되 吏를 數히 變易ᄒᆞᆫ則下가 安業치 못ᄒᆞ고 其事에 久ᄒᆞᆫ則民이 敎化에 服ᄒᆞᆫ다ᄒᆞ야 其政治를 有ᄒᆞᆫ者를 믄득 璽書로써 勉勵ᄒᆞ야 秩을 增ᄒᆞ고 金을 賜하얏다가 公卿이 缺ᄒᆞᆫ則次로써 用ᄒᆞ니 이로써 吏가 其職을 稱ᄒᆞ고 民이 其業에 安ᄒᆞ야 漢世에 良吏가 玆에 盛ᄒᆞ얏더니 今에 典城百里에 轉動이 無常ᄒᆞ니 各히 一切을 懷ᄒᆞ야 長久를 慮ᄒᆞᆯ 이가 업ᄂᆞᆫ지라 臣愚ᄂᆞᆫ 써ᄒᆞ되 守相과 長吏ㅣ 思和ᄒᆞ야 顯效가 有ᄒᆞᆫ者어든 可히 就ᄒᆞ야 秩을 增ᄒᆞ고 移徙치 勿ᄒᆞ쇼서

帝ㅣ 感其言ᄒᆞ야 復申無故去官之禁ᄒᆞ니 而宦官이 不便이라 終不能行ᄒᆞ다 雄이 又上言호ᄃᆡ 孔子曰四十에 不惑이라ᄒᆞ시고 禮에 稱强仕ᄒᆞ니다 (禮曲禮曰四十彊而仕) 自今으로 孝廉이 年不滿四十이어든 不得察擧ᄒᆞ고 若有茂才異行이어든 如顏淵子奇 (子奇齊人也劉向新序曰子奇年十八齊君使主東阿阿縣大化) 自可不拘年齒니이다 帝

ㅣ從之ᄒᆞ다 久之오 廣陵所擧孝廉徐淑이 年未四十이라 臺郎이 詰之ᄒᆞᆫ대 對曰詔書에 曰有如顔回子奇어든 不拘年齒라ᄒᆞ니 是故로 本郡이 以臣으로 充選ᄒᆞᆫ대 郎이 不能屈이어늘 左雄이 詰之曰昔에 顔回는 聞一知十ᄒᆞ니 孝廉은 聞一知幾耶아 淑이 無以對어늘 乃罷却之ᄒᆞ고 郡守ㅣ 坐免ᄒᆞ다 然이나 雄이 公直精明ᄒᆞ야 能審覈眞僞ᄒᆞ야 決志行之ᄒᆞ더라 頃之오 胡廣이 出爲濟陰太守ᄒᆞ야 與諸郡守十餘人으로 皆坐謬擧免黜ᄒᆞᆫ대 惟汝南陳蕃과 潁川李膺과 下邳陳球等三十餘人이 得拜郎中ᄒᆞ니 自是로 牧守ㅣ 畏慄ᄒᆞ야 莫敢輕擧라 迄于永嘉히 察選이 淸平ᄒᆞ야 多得其人이러라

帝ㅣ 其言을 感ᄒᆞ야 無故去官의 禁을 다시 申ᄒᆞ니 宦官이 便히 여기지 안는지라 맛참니 能히 行치 못ᄒᆞ다 雄이 또 上言ᄒᆞ되 孔子ㅣ 曰四十에 惑지 아니 ᄒᆞᆫ다 ᄒᆞ시고 禮에 强仕라 稱ᄒᆞ니 今으로 自ᄒᆞ야 孝廉이 年이 四十에 不滿ᄒᆞ거든 察擧ᄒᆞᆷ을 得지 못ᄒᆞ고 만일 茂才와 異行이 顔淵과 子奇와 如ᄒᆞᆷ이 잇거든 스사로 可히 年齒를 拘치 안을 것이니다 帝ㅣ 從ᄒᆞ다 오리미 廣陵에 擧ᄒᆞᆫ바 孝廉徐淑이 年이 四十이 못된지라 臺郎이

詰ᄒᆞᆫᄃᆡ對曰詔書에曰顔回와子奇갓ᄒᆞ니가有ᄒᆞ거든年齒를不拘ᄒᆞᆫ다ᄒᆞ니이런고로本郡이臣으로ᄡᅥ充選ᄒᆞ얏다ᄒᆞᆫᄃᆡ郞이能히屈치못ᄒᆞ거ᄂᆞᆯ左雄이詰ᄒᆞ야曰昔에顔回ᄂᆞᆫ一을聞ᄒᆞ고十을知ᄒᆞ니孝廉은一을聞ᄒᆞ고幾를知ᄒᆞ나야淑이ᄡᅥ對치못ᄒᆞ거ᄂᆞᆯ이에罷却ᄒᆞ고郡守ㅣ坐免ᄒᆞ다그러나雄이公直ᄒᆞ고精明ᄒᆞ야能히眞僞를審覈ᄒᆞ야志를決ᄒᆞ야行ᄒᆞ더라頃之오胡廣이나아가濟陰太守가되야셔諸郡守十餘人으로더브러다謬擧에坐ᄒᆞ야免出ᄒᆞ되오직汝南陳蕃과永川李膺과下邳陳球等三十餘人이郞中을得拜ᄒᆞ니이로브터牧과守ㅣ畏慄ᄒᆞ야敢히輕擧치못ᄒᆞᄂᆞᆫ지라永嘉迄ᄒᆞ기察ᄒᆞ야選ᄒᆞᆷ이清平ᄒᆞ야만히其人을得ᄒᆞ얏더라

洛陽宣德亭이**地坼**ᄒᆞ야**長**이**八十五丈**이라**帝**ㅣ**引公卿所擧敦樸之士**ᄒᆞ야**使之對策**ᄒᆞᆫᄃᆡ**李固**ㅣ**對曰陛下之有尙書**ᄂᆞᆫ**猶天之有北斗也**ㅣ니**斗**ᄂᆞᆫ**爲天喉舌**이오**尙書**이**亦爲陛下喉舌**이라**斗**ᄂᆞᆫ**斟酌元氣**ᄒᆞ야**運平四時**ᄒᆞ고**尙書**ᄂᆞᆫ**出納王命**ᄒᆞ야**敷政四海**ᄒᆞ니**權尊勢重**ᄒᆞ야**責之所歸**라**宜審擇其人**ᄒᆞ야**以毗聖政**ᄒᆞ소서

洛陽宣德亭이地가坼ᄒᆞ야長이八十餘丈이라帝ㅣ公卿이擧ᄒᆞᆫ바敦樸의士를引ᄒᆞ야ᄒᆞ야곰對策케ᄒᆞᆫᄃᆡ李固ㅣ對ᄒᆞ야曰陛下의尙書ㅣ有ᄒᆞᆷ은天에北斗ㅣ有함과猶

ᄒᆞ니라斗ᄂᆞᆫ天에喉舌이되고尙書ᄂᆞᆫᄯᅩᄒᆞᆫ陛下에喉舌이되ᄂᆞᆫ지라斗ᄂᆞᆫ元氣를斟酌ᄒᆞ야四時를運平ᄒᆞ고尙書ᄂᆞᆫ王命을出納ᄒᆞ야四海에政을敷ᄒᆞᄂᆞ니權이尊ᄒᆞ고勢가重ᄒᆞ야責의歸ᄒᆞᄂᆞᆫ비라맛당히其人을審擇ᄒᆞ야써聖政을毗ᄒᆞ소서

(乙亥)四年이라以梁商으로爲大將軍ᄒᆞ다

四年이라梁商으로써大將軍을삼다

(辛巳)永和六年이라梁商이薨ᄒᆞ니以梁冀로爲大將軍ᄒᆞ다

(梁冀)商之子也

永和六年이라梁商이薨ᄒᆞ니梁冀로써大將軍을삼다

(壬午)漢安元年이라八月에遣杜喬周擧周栩(栩況羽反)馮羨(羨延面反)欒巴張綱郭遵劉班ᄒᆞ야分行州郡ᄒᆞ야表賢良顯忠勤ᄒᆞ되其貪汙有罪者ᄂᆞᆫ刺史二千石이驛馬로上之ᄒᆞ고墨綬以下ᄂᆞᆫ便輒收擧케ᄒᆞ니喬等은受命之部ᄒᆞ되張綱은獨埋其車輪於洛陽都亭曰豺狼이當路ᄒᆞ니安問狐狸ㅣ리오ᄒᆞ고遂劾奏ᄒᆞ되大將軍冀와河南尹不疑ㅣ(不疑梁冀之弟)以外戚으로蒙恩ᄒᆞ야居阿衡之任ᄒᆞ야(阿衡伊尹號也謂保其國如阿平其國如衡)而專肆貪叨ᄒᆞ고(叨他刀反與饕同貪財曰叨)縱恣無極ᄒᆞ야以害忠良ᄒᆞ니謹條其無君之心十五事ᄒᆞ노

(驛馬上之)上奏其罪取其黜免也

此皆臣子의所切齒者也ㅣ니이다書御에京師ㅣ震竦ᄒᆞ더라時에皇后ㅣ寵方盛ᄒᆞ야諸梁姻族이滿朝ᄒᆞ니帝ㅣ雖知綱言이直이나不能用也러라杜喬ㅣ至兗州ᄒᆞ야表奏ᄒᆞ되泰山太守李固ㅣ政爲天下第一이라ᄒᆞ니上이徵固爲將作大匠ᄒᆞ다

漢安元年이라八月에杜喬와周擧와周栩와馮羨과欒巴와張綱과郭遵과劉班을遣ᄒᆞ야州郡에分行ᄒᆞ야賢良을表ᄒᆞ고忠勤을顯호ᄃᆡ그貪汙ᄒᆞ야有罪ᄒᆞᆫ者ᄂᆞᆫ刺史二千石이驛馬로上ᄒᆞ고墨綬써下ᄂᆞᆫ문득收擧케ᄒᆞ니喬의等은命을受ᄒᆞ고部에之호ᄃᆡ張綱이獨히그車輪을雒陽都亭에埋ᄒᆞ고曰豺狼이路에當ᄒᆞ니엇지狐와狸를問ᄒᆞ리오ᄒᆞ고드ᄃᆡ여劾奏호ᄃᆡ大將軍冀와河南尹不疑ㅣ外戚으로써恩을蒙ᄒᆞ야阿衡에任ᄒᆞ야貪叨를專肆ᄒᆞ고縱恣ᄒᆞᆷ이極ᄒᆞᆷ이無ᄒᆞ야써忠良을害ᄒᆞ니삼가그無君의心十五事를條ᄒᆞ노니此가다臣子의切齒ᄒᆞᄂᆞᆫ밧자ㅣ니이다書ㅣ御ᄒᆞᆷ의京師ㅣ震竦ᄒᆞ더라時에皇后ㅣ寵이方盛ᄒᆞ야諸梁의姻族이朝廷에滿ᄒᆞ니帝ㅣ비록綱의言이直ᄒᆞᆷ을知ᄒᆞ나能히用치못ᄒᆞ더라杜喬ㅣ兗州에至ᄒᆞ야表奏호ᄃᆡ泰山太守李固ㅣ政을爲ᄒᆞᆷ이天下에第ㅣ이라ᄒᆞ니上이固를徵ᄒᆞ야將作大匠을삼다

梁冀ㅣ恨張綱ᄒᆞ야思有以中傷之러니時에廣陵賊張嬰이寇亂揚

徐間ᄒᆞ야積十餘年에二千石이不能制어늘冀ㅣ乃以綱으로爲廣陵
太守ᄒᆞ니前太守ㅣ率多求兵馬ᄒᆞ되綱은獨請單車로之職ᄒᆞ야既到에
徑詣嬰壘門ᄒᆞ니嬰이大驚ᄒᆞ야遽走閉壘어늘綱이於門外에罷遣使
兵ᄒᆞ고獨留所親者十餘人ᄒᆞ고以書로諭嬰ᄒᆞ야請與相見ᄒᆞ되嬰이見
綱至誠ᄒᆞ고乃出拜謁이어늘延置上坐ᄒᆞ고譬之曰前後二千石이多
肆貪暴故로致公等이懷憤相聚ᄒᆞ니二千石이信有罪矣어니와然이나
爲之者도又非義也라今主上이仁聖ᄒᆞ야欲以文德으로服叛故로
遣太守來ᄒᆞ니思以爵祿으로相榮이오不願以刑罰로相加ᄒᆞ노니今誠
轉禍爲福之時也니라嬰이聞泣下曰荒裔愚民이不能自通朝
廷ᄒᆞ야不堪侵枉ᄒᆞ야遂復相聚偷生ᄒᆞ니若魚遊釜中에知其不可
久나且以喘息須臾間耳니라(喘疾息也須臾不久貌苟延殘喘少延視息之義)今聞明府之言ᄒᆞ니乃
嬰等의更生之辰이로이다乃辭還營이러니明日에率所部萬餘人ᄒᆞ고歸

降ᄒᆞ다是時에二千石長吏ㅣ有能政者ᄒᆞ니雒陽令任峻과冀川刺史蘇章과膠東相吳祐러다章이爲冀州刺史에有故人이爲淸河太守다章이行部ᄒᆞ야欲按其姦贓ᄒᆞ야乃請太守ᄒᆞ야爲設酒肴ᄒᆞ고陳平生之好ᄒᆞ야甚歡ᄒᆞᆫ서太守ㅣ喜曰人皆有一天이로되我ㅣ獨有二天이로다章이曰今夕에蘇孺文이與故人으로飮者ᄂᆞᆫ私恩也요明日에冀州刺史ㅣ按事者ᄂᆞᆫ公法也라ᄒᆞ고遂擧正其罪ᄒᆞ니州境이肅然이러다

梁冀ㅣ張綱을恨ᄒᆞ야써中傷홀思ㅣ有ᄒᆞ더니時에廣陵賊張嬰이揚徐間에寇亂ᄒᆞ야十餘年이積홈의二千石이能히制치못ᄒᆞ거ᄂᆞᆯ冀가이에써綱으로廣陵太守를솜으니前太守ㅣ率히兵馬를多求ᄒᆞ되綱은홀노單車로職에가기를請ᄒᆞ야임이到홈의徑으로嬰의壘門에詣ᄒᆞ니嬰이크게驚ᄒᆞ야문득走ᄒᆞ야壘를閉ᄒᆞ거ᄂᆞᆯ綱이門外에使兵을罷ᄒᆞ야遣ᄒᆞ고홀노所親ᄒᆞᆫ者十餘人을留ᄒᆞ고書로써嬰을諭ᄒᆞ야더부러서로見ᄒᆞ기를請ᄒᆞᆫ대嬰이綱의至誠홈을見ᄒᆞ고이에出ᄒᆞ야拜謁ᄒᆞ거ᄂᆞᆯ延ᄒᆞ야上坐에置ᄒᆞ고譬ᄒᆞ야曰前後에二千石이貪暴를多肆ᄒᆞᆫ故로公等이憤을懷ᄒᆞ야서로

聚ᄒᆞᆷ이致ᄒᆞ니二千石이진실로罪가有ᄒᆞ거니와그러나爲ᄒᆞᄂᆞᆫ者도ᄯᅩ義가아니라今에主上이仁聖ᄒᆞ야文德으로써叛을服코저ᄒᆞ시ᄂᆞᆫ故로太守를遣ᄒᆞ야來ᄒᆞ엿ᄉᆞ니爵祿으로써相榮ᄒᆞᆷ을思ᄒᆞᆷ이오刑罰로써相加ᄒᆞᆷ은願치안이ᄒᆞ노니이제진실노禍ᄅᆞᆯ轉ᄒᆞ야福이될時이니라嬰이聞ᄒᆞ고泣下ᄒᆞ야曰荒裔에愚民이能히ᄉᆞᄉᆞ로朝廷을通치못ᄒᆞ야侵枉을堪치못ᄒᆞ야드듸여다시서로聚ᄒᆞ야生을偸ᄒᆞ니魚가釜中에遊ᄒᆞᆷ과갓타여久치못ᄒᆞᆷ을知ᄒᆞ나ᄯᅩ써須臾의間에喘息ᄒᆞᆷ이러니今에明府의言을聞ᄒᆞ니이에嬰等이更히生ᄒᆞᆯ때로이다이에辭ᄒᆞ고營에還ᄒᆞ얏더니明日에部ᄒᆞᆫ바萬餘人을率ᄒᆞ고歸ᄒᆞ야降ᄒᆞ다이때에二千石長吏ㅣ政에能ᄒᆞᆫ者ㅣ有ᄒᆞ니雒陽令任峻과冀州刺史蘇章과膠東相吳祐ㅣ러라章이冀州刺史ㅣ됨의故人이有ᄒᆞ야淸河太守ㅣ된지라章이部에行ᄒᆞ야그姦贓을按코자ᄒᆞ야太守를請ᄒᆞ야爲ᄒᆞ야酒肴를設ᄒᆞ고平生에好ᄒᆞᆷ을陳ᄒᆞ야심히歡ᄒᆞᆫ지太守ㅣ喜ᄒᆞ야曰人은다一天이有ᄒᆞ되我ᄂᆞᆫ홀노二天이有ᄒᆞ도다章이曰今夕에蘇儒文이故人으로더브러飮ᄒᆞᄂᆞᆫ者ᄂᆞᆫ私恩이오明日에冀州刺史ㅣ事를按ᄒᆞᄂᆞᆫ者ᄂᆞᆫ公法이라ᄒᆞ고드듸여其罪를擧正ᄒᆞ니州境이肅然ᄒᆞ더라

(甲申)建康元年이라 **八月**에**帝**ㅣ**崩**ᄒᆞ고**太子**ㅣ**卽皇帝位**ᄒᆞ니**年**이**二歲**라**梁太后**ㅣ**臨朝**ᄒᆞ다

建康元年이라八月에帝ㅣ崩ᄒᆞ고太子ㅣ皇帝位에卽ᄒᆞ니年이二歲라梁太后ㅣ朝

幼少在位曰沖

忠正無質邪曰

에臨ᄒᆞ다

孝沖皇帝 名炳順帝之子 在位一年 壽三歲

(乙酉)永嘉元年이라正月에帝ㅣ崩ᄒᆞ니梁太后ㅣ徵渤海孝王鴻之子纘ᄒᆞ야即皇帝位ᄒᆞ니年이八歲러라太后ㅣ委政宰輔ᄒᆞ고李固所言을太后ㅣ多從之ᄒᆞ야黃門宦官爲惡者를一皆斥遣ᄒᆞ니天下ㅣ咸望治平이러니而梁冀ㅣ深忌疾之ᄒᆞ야策免固ᄒᆞ다

永嘉元年이라正月에帝ㅣ崩ᄒᆞ니梁太后ㅣ渤海孝王鴻의子纘을徵ᄒᆞ야皇帝位에即ᄒᆞ니年이八歲러라太后ㅣ宰輔에게委政ᄒᆞ고李固의言ᄒᆞᄂᆞᆫ바를太后ㅣ多히從ᄒᆞ야黃門宦官이惡을ᄒᆞᄂᆞᆫ者를一히다斥ᄒᆞ야遣ᄒᆞ니天下ㅣ다治平을望ᄒᆞᄂᆞᆫ지라梁冀ㅣ깁히ᄭᅴ리고疾ᄒᆞ야固를策免ᄒᆞ다

孝質皇帝 名纘肅宗玄孫 在位一年 壽九歲

(丙戌)初本元年이라四月에令郡國ᄒᆞ야擧明經ᄒᆞ야詣太學ᄒᆞ니自是로遊學이增盛ᄒᆞ야至三萬餘生이러라帝ㅣ少而聰慧ᄒᆞ야嘗因朝會에目

梁冀曰此ᄂᆞᆫ 跋扈將軍也ㅣ라ᄒᆞ니 王氏曰跋扈猶言彊梁也扈竹也水居者水未至先作言扈竹籪候魚之入水退小魚獨留大者跳跋籪扈而出故跋也

冀ㅣ聞甚惡之ᄒᆞ야 夏六月에 冀ㅣ使左右로 置毒於煑餅ᄒᆞ야 以進之ᄒᆞ니 帝ㅣ苦煩甚而崩이어ᄂᆞᆯ 冀ㅣ迎蠡吾侯志ᄒᆞ야 卽皇帝位ᄒᆞ니 時年이 十五라 太后ㅣ猶臨朝聽政ᄒᆞ다

本初元年이라四月에郡國에令ᄒᆞ야明經을擧ᄒᆞ야太學에詣ᄒᆞ니是로自ᄒᆞ야遊學이增盛ᄒᆞ야三萬餘生에至ᄒᆞ더라帝ㅣ少히聰慧ᄒᆞ야일즉이朝會를因ᄒᆞᆷ이梁冀를目ᄒᆞ야曰此ᄂᆞᆫ跋扈將軍이라ᄒᆞ니冀ㅣ聞ᄒᆞ고甚히惡ᄒᆞ야夏六月에冀ㅣ左右로ᄒᆞ야곰毒을煑餅에置ᄒᆞ야써進ᄒᆞ니帝ㅣ苦煩이甚ᄒᆞ야崩ᄒᆞ거ᄂᆞᆯ冀ㅣ蠡吾侯志를迎ᄒᆞ야皇帝位에卽ᄒᆞ니時에年이十五라太后ㅣ오히려朝에臨ᄒᆞ야政을聽ᄒᆞ다

詳密註釋通鑑諺解卷之六終

詳密註釋 通鑑諺解 卷之六

重版 印刷●2001年 3月 20日
重版 發行●2001年 3月 26日

校 閱●明文堂編輯部
發行者●金 東 求
發行處●明 文 堂
서울특별시 종로구 안국동 17~8
대체 010041-31-001194
전화 (영) 733-3039, 734-4798
(편) 733-4748
FAX 734-9209
등록 1977. 11. 19. 제1~148호

값 6,000원
ISBN 89-7270-639-6 94910
ISBN 89-7270-049-5(전15권)

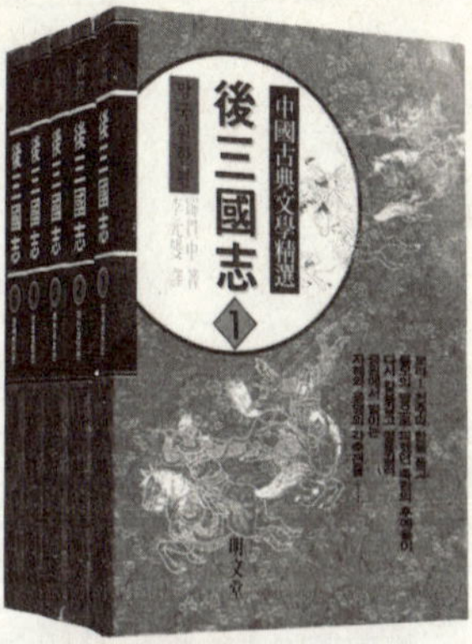

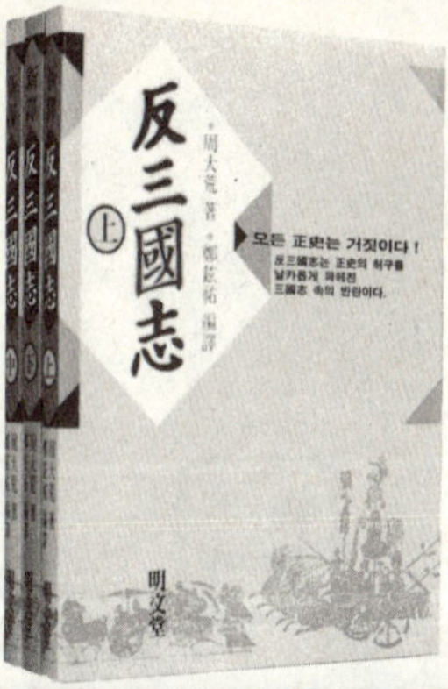

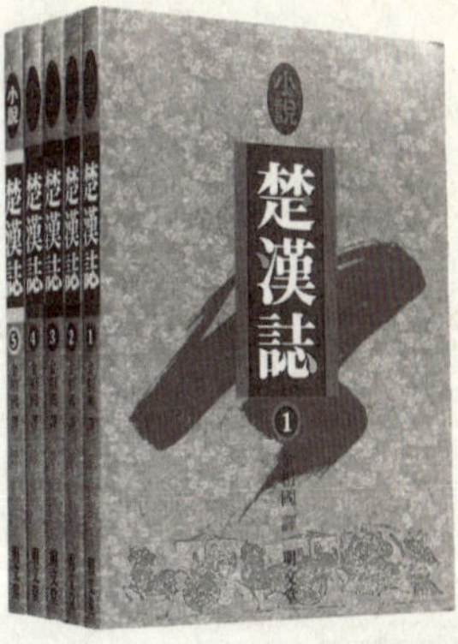

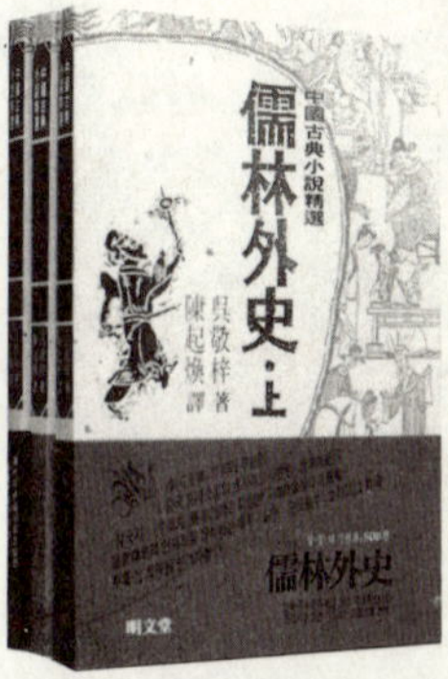

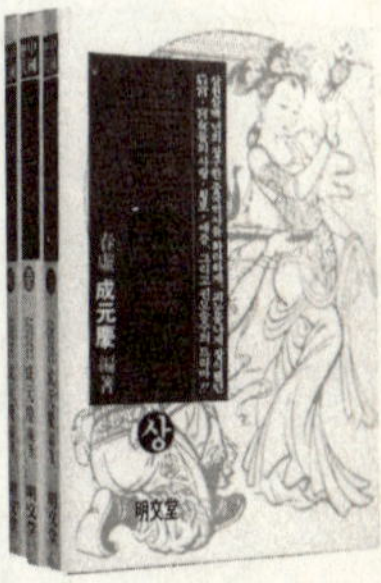

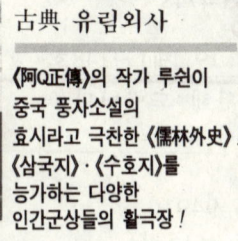